しなやか筋肉で、
カラダをひきしめる

美人やせ
ピラティス

studio-emi代表／FTPマットピラティスインストラクター
千葉絵美

幻冬舎

しなやか筋肉で、カラダをひきしめる

美人やせピラティス

千葉絵美

プロローグ

美しい女性のカラダは「筋肉」でつくられる！

みなさん、こんにちは！

ピラティス・インストラクターの千葉絵美です。私は、今まで1000人以上の女性にピラティスを教えてきました。たくさんの女性に触れあって感じることは、まずは、**実に9割の女性のカラダにゆがみが生じ、運動不足で筋肉が衰え、それが原因で、冷えやむくみ、肩コリなどの不調を抱えている**という事実です。

そこで、すべての女性に、ピラティスを行うことで、真のキレイを手に入れていただきたい！　と思い、この本を作りました。今まさに、この本を手にしているアナタ、すでに一歩リードしていますよ（笑）。

そもそも、ピラティスとは、**自分でできる整体（リハビリ）エクササイズ**のこ

エミ先生

東京・銀座にあるピラティススタジオ「スタジオ・エミ」代表取締役。これまで1000人以上の女性にピラティスを指導。「筋肉のコルセットをつけなさい！」がログセ。すべての女性を美しくすることを使命としている。

と。カラダの土台となる骨盤のゆがみを解消して美しいカーブを描く背骨に矯正し、さらに骨盤と背骨を支える内側の筋肉（インナーマッスル）を鍛えることで美しいプロポーションを保つことができます。

ところで、みなさんは「筋肉を鍛える」と聞くと、ムキムキになるイメージを持つかもしれませんね。実は、よく「ピラティスをやると筋肉ムキムキになりませんか？」という問い合わせをいただくんですよ。とかく、女性は筋肉に対して食わず嫌いが多い。「筋肉がつくと、かえって腕や脚が太くなりそう。むしろ、筋肉は鍛えなくてもいい。か弱いイメージのほうが男性にもモテそうだし」なんてね（笑）。ところが、どっこい。そもそも、それが大きな間違い！　美に対する冒涜《ぼうとく》ですよ!!

いいですか。逆に、筋肉がなくて、ぷよぷよ肉だったら、それは美しいカラダと言えますか？　ハッキリ言ってＮＯ！　脂肪を燃焼できずに太りやすくなるわ、重力に逆らえなくて内臓も皮膚も垂れ下がるわ、もう最悪！　ですよ。

なので、この本のもう一つの目的として、これまでビューティーシーンでないがしろにされてきた筋肉に対して、正しい知識を持っていただきたいのです。

確かに、筋肉にはムキムキになるものがあります。これは、カラダの外側にあ

みかりん

彼氏にフラれ、仕事もうまくいかずヤケ酒を飲んで酔いつぶれていたところをエミ先生に拾われる。万年むくみ＆冷え性。エミ先生の指導のもと、ピラティスを始めることに。

る筋肉で白筋《はっきん》と言います。たとえば、男性のおなかが6個に割れている、とか、明らかに外から見て取れる筋肉で、バーベルを持ってガシガシやるトレーニングなどで鍛えられます。

で、女性は割れたおなかが必要か、と言うと、そういうわけでもないですよね。じゃあ、女性のキレイなおなかってどんなのだろう、と考えたとき、ちゃんとウエストにくびれがあって、しなやかに縦にスッと線が入っているのが美しいおなかだと思うんですよ。『ルパン三世』の峰不二子のような（ちょっと古い？）。

そのためには、**ピラティスで使うカラダの内側の筋肉（＝赤筋《せっきん》）を鍛えることが大切**なんですね。内側の筋肉なので、もちろん、ムキムキにはなりません。そして、この内側の筋肉には、女性のキレイと切っても切れない関係があるのです！

まず、**内側の筋肉は、背骨と骨盤を支え、カラダのゆがみを防止します。**

カラダがゆがんで不調になると、整体で矯正する方が多いでしょう。でも、しばらくすると元に戻ってしまったという経験、ありませんか？　どうしてかと言うと、せっかく骨格を矯正しても、正しい骨格をキープする筋肉がないから元に戻ってしまうんですね。私の教室にも、「ピラティスに行って、必要な筋肉をつけてきてください」と、整体の先生にアドバイスをいただいて通い始めた女性が本当に多いんですよ。

次に、**内側の筋肉は、内臓を支える役割があります。**

おなかには骨がないので、内臓を支えるものは筋肉しかありません。つまり、おなかの筋肉は、内臓を支える天然のコルセットのようなもの。コレがなくなってしまえば、当然、内臓下垂になってしまいます。すると、内臓の機能が発揮できなくなり、あらゆる不調の原因になります。たとえば、腎臓が下垂すると、フィルター機能が正常に働かなくなり、老廃物のろ過がしっかりできなくなって、汗が臭くなったりするらしいですよ。私ってひょっとして臭いかも……なんて思っているアナタ、まさに内臓下垂が原因かもしれませんよ！

それから、次が重要！　女性の永遠のテーマ、**ダイエットに非常に密接な関係があるのが内側の筋肉**なんです。実は、脂肪を燃焼する「炉」にあたるのが、この内側の筋肉。ですから、内側の筋肉を鍛えるほど、脂肪燃焼率が高くなって基礎代謝がアップする、つまりヤセ体質を手に入れることができるのです！

ね、素晴らしいでしょう⁉　**骨と筋肉の両方に働きかけるピラティスは、まさに女性に美と健康をもたらす、永遠のビューティー・エクササイズなのです！**

まずは1日10分トライしてみてください。

みるみるカラダが変わるのを実感できるハズです!!

ココロとカラダにいいこといっぱい！ピラティスのおもな効果

ピラティスは、カラダを鍛えてダイエットやさまざまな不調を解消してくれます。また、動かしている筋肉に意識を集中するので、ココロにもよい作用をおよぼしてくれます。

ダイエット

カラダの内側の筋肉は、脂肪を燃焼する、いわば「炉」のようなもの。ピラティスで鍛えれば、基礎代謝がアップして、ヤセ体質に近づきます。

美肌

筋肉が鍛えられ、代謝がアップして自《おの》ずと血行がスムーズに。肌のターンオーバーも正常化し、みずみずしい美肌をゲットできます。

肩コリ・腰痛改善

全身のゆがみがとれ、猫背が矯正されて腰痛が改善。また、血行が促進されて、コリ固まった筋肉にも血が巡り、肩コリが緩和します。

冷え・むくみ改善

姿勢が正されてほどよい筋肉がつくと、全身の血液とリンパの流れがスムーズに。足先の末端まで血が通うため、冷え・むくみが解消します。

集中力アップ

目に見えない背骨やカラダの奥の筋肉を意識しながら動かすので、集中力アップの訓練に。物事全般に対する感覚が冴え渡ります。

リラックス

ゆっくり呼吸をしながらエクササイズするので、ココロとカラダがつながっている、という深いリラックス感を味わうことができます。

幸運体質になる

心身のバランスがとれ、パワーがみなぎるので、何事にも積極的に取り組むことができるように。チャンスをつかみやすくなります。

（↑いや本当に。私が経験したから）

And More

便秘解消、免疫力アップ、ココロとカラダのバランスがとれる、ポジティブな考え方になる、などなど

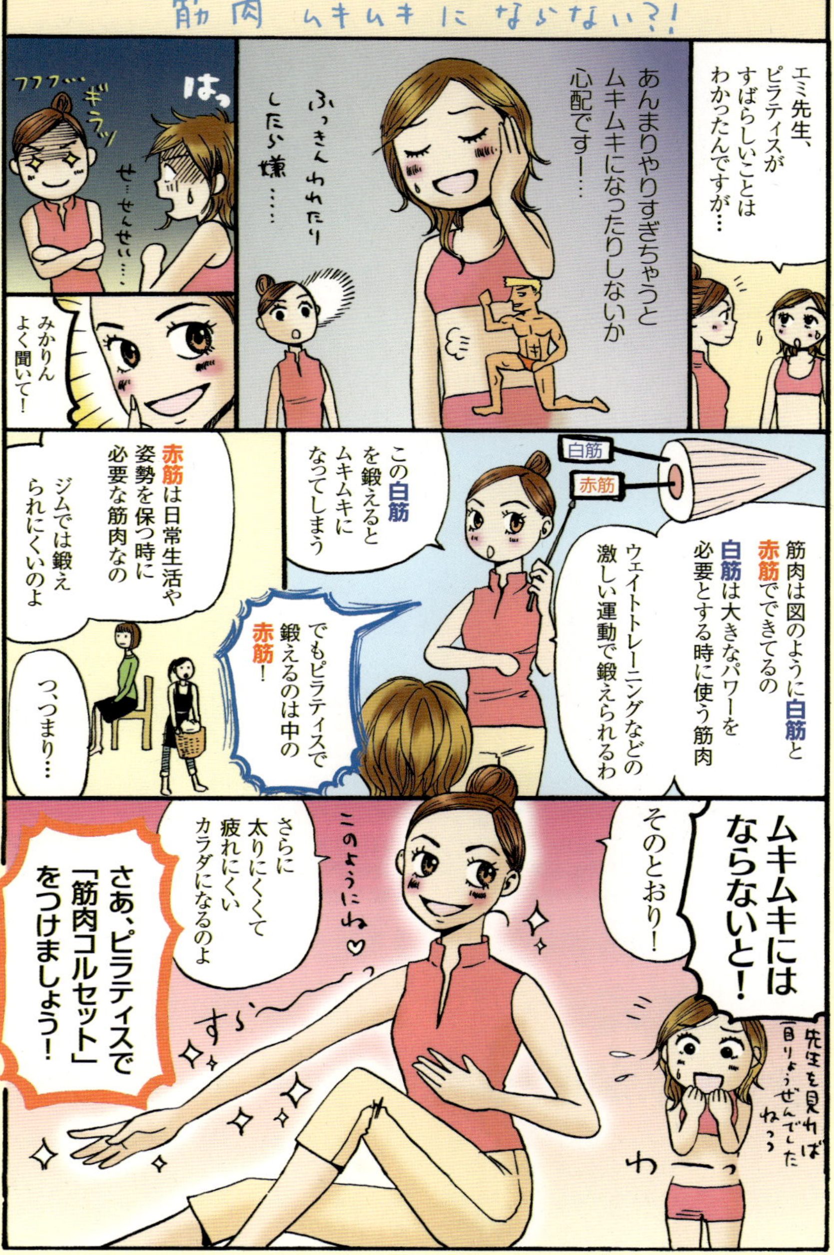
筋肉 ムキムキ にならない?!
エミ先生、ピラティスがすばらしいことはわかったんですが…
あんまりやりすぎちゃうとムキムキになったりしないか心配ですー…
ふっきん われたりしたら嫌……
はっ
フフフ…
ギラッ
せ…せんせい…
みかりんよく聞いて!
白筋
赤筋
筋肉は図のように白筋と赤筋でできてるの
白筋は大きなパワーを必要とする時に使う筋肉
ウェイトトレーニングなどの激しい運動で鍛えられるわ
この白筋を鍛えるとムキムキになってしまう
でもピラティスで鍛えるのは中の赤筋!
赤筋は日常生活や姿勢を保つ時に必要な筋肉なの
ジムでは鍛えられにくいのよ
つ、つまり…
ムキムキにはならないと!
そのとおり!
さらに太りにくくて疲れにくいカラダになるのよ
このようにね♡
すぅ〜〜っ
さあ、ピラティスで「筋肉コルセット」をつけましょう!
先生を見れば一目りょうぜんでしたねっ
わーっ

美人やせピラティス
Contents

LESSON2

LESSON3

いよいよ実践！ ピラティスレッスン

STEP1

美人やせピラティス Contents

ピラティスを行うときは、バスタオルやブランケットを床に敷いてくださいね。フローリングで腰骨が当たって痛い人は、腰まわりにタオルを重ねても。ヨガマットでもOKですよ!
動きやすい格好で、のびのびとトライしよう! よれよれのトレーナーは気合いが入らないので、ピタTやフィットするジャージなどがオススメ。
ヒーリングミュージック
ゆったりとしたテンポの曲がグッド。
Water
I ♥ ♪ MUSIC ♪♪♪
ミネラルウォーター
たくさん行うときは、15分に1回は口に含んで。常にカラダを潤しておくこと。

LESSON 1

まずは
自分のカラダを
チェックしよう!

しなやかで美しいカラダの条件は、
(1)土台となる骨盤が正常な位置にあり、
(2)背骨が美しいS字のカーブを描き、
(3)骨盤と背骨を支える内側の
筋肉(インナーマッスル)が
バランスよくついている、こと。
そこで、まずは今のカラダの状態を簡単チェック!
自分のカラダをかわいがってあげるためにも、
しっかり現状を受け止めるべし、ですよ!

カラダ診断①

骨盤が傾いたまま フリーズしてない？

まずは、カラダの土台となる骨盤をチェック！
骨盤は、上体の体重を受け止めて支え、さらに脚からくる振動を吸収する、まさに全身の中心となる重要なパーツ。ゆがんだまま固まってしまうと、骨盤を支えるハンモック状の筋肉（骨盤底筋群）が正しくつかなくなります。バランスを失った骨盤は潰れるように横に開き、腰まわりやおしりが大きくなる原因に。

CHECK！ どんなふうに開く？

❶うつぶせに寝て、ひざを立てます。

❷左右に脚を開きます。

簡単チェック

ヒモを巻いて、左右の腰骨の高さを比べっこ

左右の腰骨の高さに合わせてヒモを巻き、鏡でチェック！
左の腰骨の位置が右より高い場合は、右の骨盤が締まっている状態。反対に、右の腰骨が高い場合は左の骨盤が締まっている状態になります。

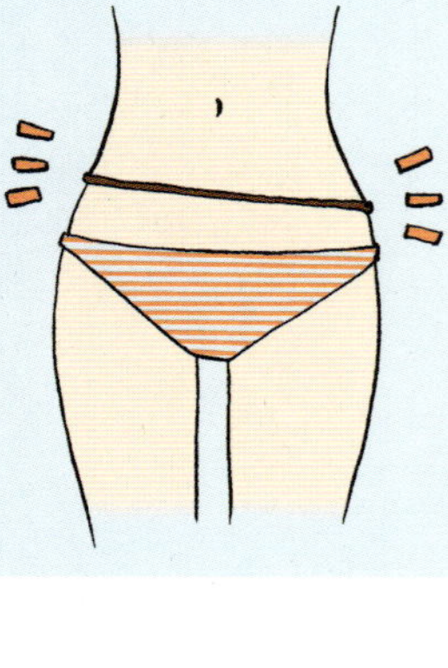

診断結果

どっち側がよく開いた？

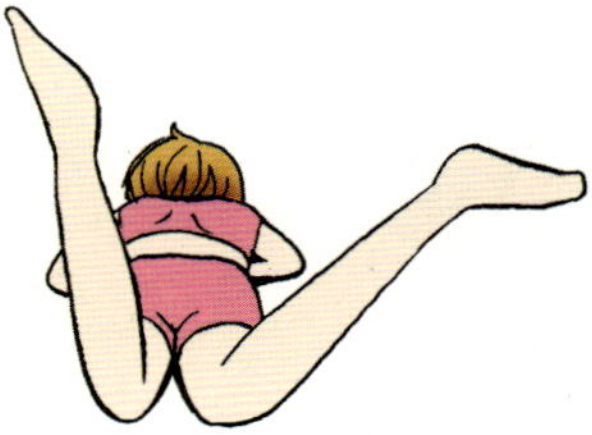

A 右脚がよく開く

左の骨盤が緩んでいます。左脚を上に組んで座ったり、左肩にバッグをかけるクセのある人に多く見かけます。カラダが横に傾く or ねじれるので、筋肉が偏って緊張し、肩コリ＆腰痛の原因に。「いつも左肩だけがこる」というのが典型的パターン。骨盤のゆがみ矯正ピラティスでリセットを。

B 左脚がよく開く

右の骨盤が緩んでいます。右脚を上に組んで座ったり、右肩にバッグをかけるクセのある人に多く見かけます。カラダが横に傾く or ねじれるので、筋肉が偏って緊張し、肩コリ＆腰痛の原因に。「いつも右肩だけがこる」というのが典型的パターン。骨盤のゆがみ矯正ピラティスでリセットを。

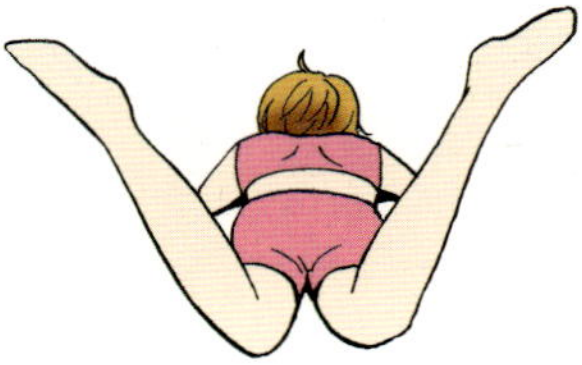

C 両脚が均等に開く

左右差のない、バランスのよい骨盤です。自律神経の伝達がスムーズで、反射神経を使う突発的な動作もササッ！　はじめてのスポーツも器用にこなすタイプです。肩コリや肌アレなどのトラブルともほぼ無縁。

まずは、骨盤をしっかりほぐしてリセット。左右均等に開くように目指して！

骨盤が傾くと、まわりの筋肉（骨盤底筋群）が一方向だけに縮んで固くなり、内臓下垂の原因になります。こうなると、もう大変！　骨＆筋肉＆内臓のトリプルダメージで、体型が崩れる、肩コリ、腰痛、便秘、肌アレ、イライラなどのトラブルが続出！　怖いですねー。**利き手・利き足があるように、ゆがみは日々の生活から、どんな人にも発生します。**毎日のピラティスで骨盤をほぐし、ゆがみから解放しましょう。

✦骨盤のゆがみ矯正に効くピラティス特別メニューはコレ！✦

ロッキングペルビス(P.42)→ニュートラル(P.44)→ショルダーブリッジ(P.46)

カラダ診断②

股関節がサビついてない？

次は、股関節の柔軟性をチェックしましょう。
股関節は、上半身と下半身をつなぐ要のような存在。
「立つ」「歩く」「走る」といった基本的な動作は、すべて股関節が支点になっています。
股関節を取り囲む筋力が低下すると、股関節の動きが固くなって不安定に。
姿勢が前かがみになり、歩幅が小さくなって、つまずきやすくなります。

CHECK! どこまで上がる？

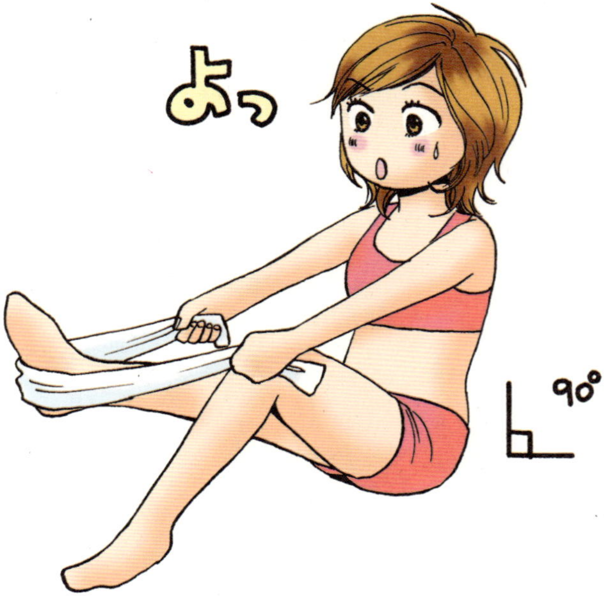

❶両ひざを立てて座り、背すじをまっすぐ伸ばします。

❷タオルを足の裏にひっかけます。

❸タオルの端を持って、脚を持ち上げます。
このとき、腰が後ろに倒れないように注意して。

簡単チェック

背すじを伸ばして座った状態で、ひざを伸ばせる？

床に座り、背すじを垂直にピンと伸ばします（座骨を立てた状態）。そして、そのまま両ひざを伸ばしましょう。さて、床にベッタリつけるかな？　ひざの曲がる角度が大きいほど股関節が固い人になります。

診断結果

どれくらい上がった？

A 床ギリ

股関節が相当固い。足が前に出ないので、歩幅が狭くなり、ちょっとした段差でもつまずきやすくなります。また、カラダが上半身と下半身のバランスをとろうとするため、自然と猫背に。この姿は、まさしくおばあちゃん!? 股関節をしなやかにするピラティスで若返りを！

B 床とひざの中間

もっとも多いのがこのタイプ。股関節がちょっと固め。「幼い頃は、もっと脚が上がったのに……」なんて方が多いのでは？ 実は、股関節は年齢とともに固くなります。放っておくと、カラダにさまざまな悪影響を及ぼすので、今のうちにピラティスで股関節をほぐして。

C ひざより上

しなやかな股関節の持ち主。上半身と下半身のバランスがよく、冷え・むくみなどのトラブルが少ないのが特徴。とはいえ、油断は禁物。股関節は年齢とともに固くなっていくので、日頃から意識的に動かすこと。

股関節はカラダ年齢のバロメーター。しなやかにすると老化を防げる!!

股関節は、年齢とともに固くなりやすいパーツです。お年寄りの人が足を引きずるようにして歩くのは、股関節がコリ固まり、足がしっかり前に出ないため。逆に言うと、**柔軟性をキープすれば、いつまでも若々しく動ける**、ということ。毎日のピラティスで、前後左右自在に動かせる股関節を手に入れましょう！ ちなみに、股関節には太い血管やリンパ節が集中しているので、**冷え・むくみ対策**にもなります。

✦股関節をしなやかにするピラティス特別メニューはコレ！✦

スパインツイスト（P.74）→**レッグサークル**（P.86）

カラダ診断③

全身がゆがんでない？

片脚で目をつぶって立ち、骨盤から背骨にかけての安定度をチェックします。
誤解しがちですが、私たちのカラダは、たとえば右脚で立っているときは右脚でバランスをとっているわけではありません。
カラダのコア（尾てい骨から頭のてっぺんまでを貫くラインと骨盤まわり）でとっています。
片脚で立てない人はカラダの重心がズレている可能性大！

CHECK! 30秒キープできる？

❶片脚で立ち、目をつぶります。
❷そのまま、ふらつかないように30秒キープ！

簡単チェック

左右の肩にシールを貼って高さをチェック！

左右の肩にシールを貼って、鏡でチェックしましょう。左右の高さが違えば、全身がゆがんでいると言えます。

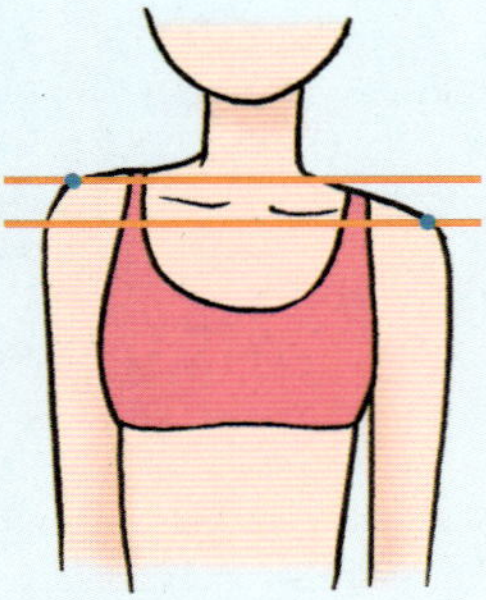

診断結果

どれくらいキープできた？

A　10秒未満

オフィスでパソコンを使い、ほとんど運動しない人に当てはまりやすいのがこのタイプ。たとえば、パソコンの画面に顔を近づけようと、あごを突き出して背中を丸め、ムリな姿勢を長時間続けていませんか？　思い当たる人は、まずは正しい姿勢（P.22）をマスターするべし！

B　10〜30秒未満

もっとも多いのがこのタイプ。極端なゆがみではないけれど、ちょっとした肩コリや冷えなど、カラダのプチ不調を抱えていませんか？　ピラティスで全身のゆがみをリセットし、重心のズレを正しましょう！

C　30秒以上

ワンダホー！　左右差の少ない、シンメトリーに近い骨格の持ち主。姿勢がよく、サーフィンやスキーなどのバランスを必要とする運動が得意な人が多いですね。

Emi's Comment

背骨と骨盤がしっかり安定したカラダ＝一本芯の通ったカラダになろう！

背骨から骨盤までをつなぐラインは、まさしくカラダの「芯」となる部分。このラインが崩れていると、姿勢が悪くなり、正しい位置に筋肉がつかなくなります。実は、背すじはカラダの中で一番大きな筋肉。筋肉は脂肪を燃やす「炉」の役割をするので、**ピラティスで背骨を矯正して姿勢を正すだけで、ダイエットにもなる**んですよ（しかも、かなり効果高め）。また、左脚と右脚でバランスをキープできる時間が極端に違う人は、日々の生活習慣で片方ばかり使っていることが考えられます。同じ脚ばかり組まない、バッグは左右交互に持つ、などの工夫を。

✦全身のゆがみ矯正に効くピラティス特別メニューはコレ！✦

ロッキングペルビス（P.42）→**ニュートラル**（P.44）→
ショルダーブリッジ（P.46）→**テーブルバランス　手と脚バージョン**（P.60）

カラダ診断④

カラダの内側の筋力、弱くなってない？

最後は、カラダの内側の筋力（インナーマッスル＝赤筋）を前面・背面別にチェックします。腹筋と背筋がバランスよくついていればＯＫ。どちらか一方が難しい人は、筋肉のつき方が偏っていると考えられます。

CHECK！ カラダをゆっくり起こせる？

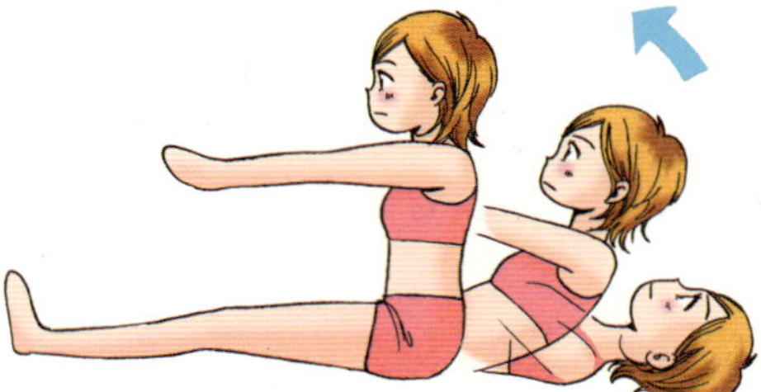

ロールアップにトライ！

❶あおむけになります。

❷腕を伸ばし、そのままゆっくりと起き上がります。腕の力で起き上がろうとしないように、腹筋をしっかり使って。

CHECK！ カラダをゆっくり倒せる？

ロールダウンにトライ！

❶座ってひざを伸ばします。

❷腕は床と水平になるように前方へ伸ばし、そのままカラダを座骨から順にゆっくりと倒します。途中でバターンと倒れないように注意して。

内側の筋肉をバランスよく鍛えることが、美しいカラダをつくる基礎です！

見た目は筋肉ムキムキでも、ロールアップ＆ダウンができない人がいます。これは、**激しい筋トレで外側の筋肉を鍛えても、内側の筋肉がグラグラ**の典型的パターン。半熟卵を想像してみてください。見た目はしっかり、でも、包丁で切ると中の黄身がドロドロ……。そう、まるで筋肉のハリボテのような状態です。これでは、しなやかなカラダとは言えませんよね。**カラダの深部にある筋肉をバランスよくしっかり鍛えること。**これが、美しいカラダをつくる基礎なのです。

タイプ別診断結果

どっちがラクだった？

A 両方キツい

全体的に筋肉がついていない人。筋肉は、骨格を支えるだけではなく、外部の衝撃を和らげるクッション役もしています。このタイプで、ちょっと転ぶとすぐに骨折する、という人はカルシウム不足よりも筋肉不足を疑うべし。今すぐ両面強化メニューで鍛えましょう！

B カラダを起こすほうがキツい

背筋に比べて腹筋が弱い人です。見た目は、猫背気味で下腹がぽっこり出ているのが特徴。消化不良や便秘など、内臓に関するトラブルを抱えている人は、筋肉不足による内臓下垂が原因かも。オモテ面強化メニューで、おもに腹筋を鍛えて。

C カラダを倒すほうがキツい

腹筋に比べて背筋が弱い人です。弱い背筋を腹筋でカバーしようとするため、重心がかかとに寄り、いわゆるＳ字体型（背中が反り、おなかが突き出ている）に。ギックリ腰や腰痛の原因にもなるので、ウラ面強化メニューで、背筋を重点に鍛えて。

D 両方できる

腹筋と背筋がバランスよくついている人です。背骨がなめらかなＳ字カーブを描き、その上を筋肉がコルセットのように美しく覆っている理想体型。ス、スバラシ〜！

✦カラダのオモテ＆ウラ面を鍛えるピラティス特別メニューはコレ！✦

【オモテ面強化メニュー】 ロッキングペルビス(P.42)→ニュートラル(P.44)→ショルダーブリッジ(P.46)→(ロールアップで起き上がる)→Cカーブ(P.68)→スパインツイスト(P.74)

【ウラ面強化メニュー】 ロッキングペルビス(P.42)→ニュートラル(P.44)→ショルダーブリッジ(P.46)→バックスロープ(P.54)

【両面強化メニュー】 ロッキングペルビス(P.42)→ニュートラル(P.44)→ショルダーブリッジ(P.46)→(ロールアップで起き上がる)→Cカーブ(P.68)→スパインツイスト(P.74)→(ロールダウンで上体を倒す)→バックスロープ(P.54)

すべての美しさにつながる、基本中の基本
マスターしたい！　正しい姿勢

背中を丸めて歩く姿は、見た目も美しくないどころか、
カラダのゆがみ・冷え・肩コリなどさまざまな弊害が。
真の美しさを身につけるためにも、正しい姿勢の基本をマスターしましょう。
慣れないうちは大変かもしれないけれど、
そのうち正しい姿勢のほうがラクなことに気がつくハズ。

立つとき

背すじを伸ばし、肩を後ろに引きます。肩の高さは左右平行に。重心は、かかとやつま先に寄らないように、しっかりと真ん中に置きます。おなかは引き上げるように引き締め、おしりは突き出さないようにします。

こんなふうにチェックしてみて！
おへその下に鏡を当ててみて。鏡が正面を照らしていたらOK。床を照らしていたらふんぞり返った姿勢、天井を照らしていたら猫背ということになります。

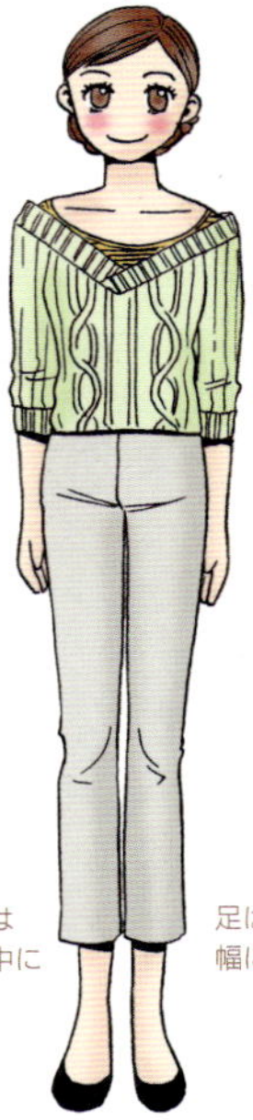
頭は上に引っ張られているイメージで
おなか、おしりはキュッと
重心は真ん中に
足は腰の幅に開く

背すじはまっすぐ
背もたれにもたれない
おなか、おしりはキュッと
ひざとひざはつける
腰とひざは直角に

座るとき

背もたれから1/3の位置に腰をかけます。そして、上半身がイスの座面に垂直に刺さるように意識しながら、背すじをまっすぐ伸ばします。背もたれにはもたれずに、腹筋と背筋を使って上半身を支えること。

LESSON 2

ピラティスを始める前に押さえておきたい4つのポイント

ピラティスは、カラダの芯の部分にあたる骨格と筋肉を鍛え、
理想的なプロポーションをつくり上げるエクササイズです。
とはいえ、やみくもに行っていては効果も半減。
ここでは、実際にピラティスを行う前に
押さえておきたい４つのポイントを紹介します。
コレさえキッチリ覚えていれば、
たとえ短時間でも効果をグンと上げることができるハズ！

POINT 1

まずはココロとカラダをゆるめよう！

まず、最初に行ってほしいのが、**ココロとカラダをゆるめること**です。

エクササイズ中は、カラダの緊張を解いた状態で行うことが大切。縮まっていた関節をゆるめ、カチコチにフリーズした筋肉を伸ばしてカラダを自然な状態にしましょう。

また、仕事のごちゃごちゃとした気分やイライラをひきずりながらピラティスを行っても効果は今イチ。お気に入りのヒーリングミュージックを聴いたり、好きな場所を思い浮かべるなどしてココロも十分ゆるめて。

このプロセスを踏むことで、次のポイント2「鍛えているところに意識を集中しよう！」がスムーズになります。

こんなふうにしてみて

1. あおむけになり、軽く目をつぶります。そして、好きな場所やグリーンがいっぱいの風景を思い浮かべてリラックスします。
2. そのまま、自分のカラダのパーツがどこにあるのか、どんな状態になっているかを頭から順にひとつひとつ確認します。ココロとカラダが少しずつピラティス仕様になっていく自分をイメージして。

好きな香りのアロマを焚《た》いたり、ヒーリングミュージックをかけるとリラックスしやすいですよ。

カラダをゆるめるってこんなカンジ

- 足の裏が伸びてリラックスしている
- ひざが上を向いている
- 腰がゆるく床についている
- 背中がゆったり広がっている
- 首がリラックスして伸びている
- あごは上がっていない
- 舌がリラックスしている
- まゆとまゆと間が伸びている
- ゆったりと呼吸している

「ゆるめる」と「だらける」は違います！

注意してほしいのが、「ゆるめる（＝リラックスする）」ことと「だらける」ことを混同しないことです。「だらける」というのは、身のまわりのことに頭の中は反応しているけれど、カラダがついていっていない状態。たとえば、口をだらしなく開けながらボーッとテレビを見ている、とか。はたから見て、美しくないんですね。じゃあ、「ゆるめる」はどんな状態かというと、これからピラティスのことに意識を向けよう、と、ココロがクリアになって、カラダの力がスーッと抜けていく感じです。つまり、**ココロとカラダがお互いに向き合っているのが「ゆるめる」、向き合っていないのが「だらける」**ということなんですね。

もちろん、日常生活を送る上で「だらける」時間も大切ですよ。でもね、オンオフの切り替えがじょうずとは言えない女性が結構多い。試しに、レストランで食事するときに、そーっとテーブルの下をのぞいてみて。**上半身は澄ましているけれど、下半身はだらしなく股をカパーンと開けっぴろげている**女性の多いこと、多いこと。頭は食事のことを考えているけれど、カラダは食事モードになっていない。ココロとカラダがすれ違っているんですね。しっかり脚を閉じて、全身をフルに使って食事すれば、食べる喜びも倍増するハズなのに……。もったいない！！　ですから、ピラティスをするときは**「自分のカラダに歩み寄り、対話する時間」**として、ぜひ活用していただきたいですね。

POINT 2

鍛えているところに意識を集中しよう！

ピラティスは、「考えるエクササイズ」と呼ばれています。なぜなら、使っている筋肉の位置を意識しながら行うからです。

実際に、意識する場合としない場合では成果がまったく違います。たとえば、テレビを見ながら食事すると、満腹感が得られずに、つい食べすぎてしまうことってありませんか？　ピラティスも同じ。集中しないで、何も考えずに汗水を流して動くだけでは身になりません。

集中＝カラダへの想い。コツは、自分のカラダに恋するような気持ちになること。「すごい好き、おなか君。お願いだから引き締まって」なんてね。すると、本当に通じて、キュッとなるんですよ！

＊ピラティスで意識する骨＊

ピラティスを行う上で常に意識したい骨が「骨盤」と「背骨」。
いずれも、カラダの土台となる大切なところです。
しっかり意識して、芯の強い、本物の美しいカラダをゲットしましょう！

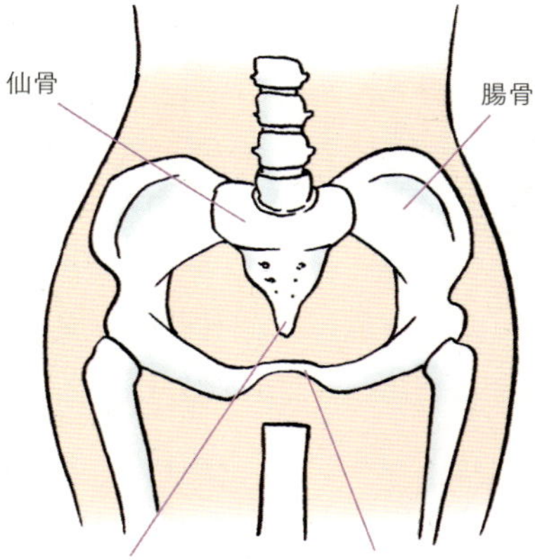

骨盤

骨盤は、仙骨《せんこつ》と、その先端にある尾骨、仙骨の左右に羽のようについている腸骨、そして、ふたつの腸骨の接合部にあたる恥骨からできています。ゆりかごのような形をしており、全身のバランスをとったり、子宮、大腸、膀胱などの下腹内臓を保護したりしています。現代女性のほとんどがラクな生活で骨盤が開き気味なので、キュッと締めるように意識するとグッド。

背骨（脊柱《せきちゅう》）

背骨は、椎骨《ついこつ》と呼ばれる33個の骨からできています。椎骨は、頭・首の部分にあたる頸椎《けいつい》、胸の部分にあたる胸椎《きょうつい》、腰の部分にあたる腰《よう》椎《つい》、おしりの部分にあたる仙骨、先端のしっぽの部分にあたる尾骨の5つに分けられます。しなやかさと強度をもたせるため、なめらかなS字を描くような形をしています。私たちが立ったり座ったりできるのも背骨があるおかげ。

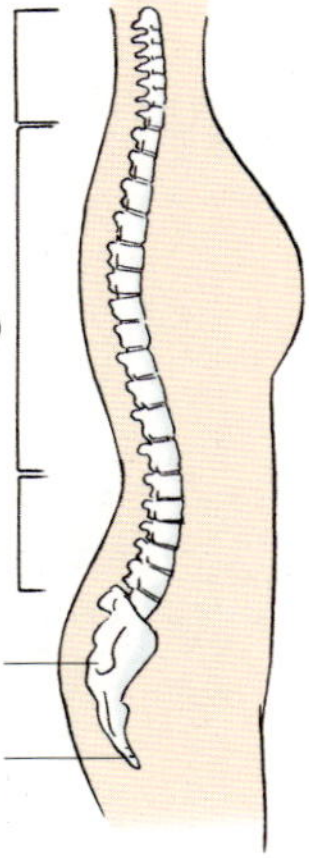

背骨と骨盤は、美しいカラダをつくる「芯」の部分。まずは目を向けて

背骨と骨盤は、まさにカラダの「芯」。芯がゆがめば、カラダもゆがみます。たとえば、まっすぐ立っている柱と、斜めに立っている柱を思い浮かべてみてください。どちらがグラグラしていますか？　もちろん、後者ですよね。このグラグラした柱、つまり**骨格を何とか支えるために、私たちのカラダは筋肉や脂肪でカバーしようとする**んですね。で、結果的に、たとえばウエストのくびれが左右でアンバランスになったりするわけです。利き手・利き足があるように、私たちのカラダは必ずしもシンメトリーな状態とは言えません。でも、それに近づくことはできます。まずは「自分のカラダはどうなっているんだろう？」と意識すること。これが、美しいカラダをつくる第一歩なのです！

ピラティスで意識する筋肉

筋肉はしっかり意識してかわいがってあげることで、効果的に刺激されます。
そこで、どの筋肉を意識するとどんな効果を得られるのかを簡単マップにしました。
チェックしながらピラティスを行えば、効果も倍増ですよ！　ホントに！

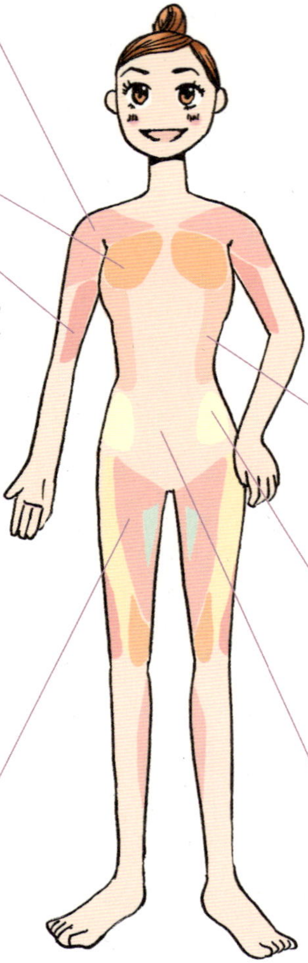

デコルテ筋

(三角筋《さんかくきん》※デルトイド)

首から肩にかけて美しいラインをつくるために鍛えたい筋肉。

バストアップ筋

(大胸筋《だいきょうきん》)

胸の深部筋で、腕を下ろすときに働きます。バストアップに。

振り袖筋〈オモテ面〉

(上腕《じょうわん》二《に》頭筋《とうきん》)

上腕の前面にある筋肉。二の腕が振り袖のようにプルプルしている人はココを意識して。

ミニOK筋

(大腿《だいたい》四《し》頭筋《とうきん》)

太ももの前面にある筋肉。ココを鍛えれば、スラリとした脚に。

筋肉のコルセット

(カラダの内側の筋肉)

美人度UP筋

ウエストくびれ筋

(外腹斜筋《がいふくしゃきん》・内腹斜筋《ないふくしゃきん》)

上体をひねったり、横に倒したりするときに働きます。ウエストにくびれをつくるならココに集中！

美人度UP筋

ベルトでおなか絞る筋

(腹横筋《ふくおうきん》)

ベルトのように、おなかを横断する筋肉。腹部に圧力をかけて内臓を支えます。

美人度UP筋

ビキニOK筋

(腹直筋《ふくちょくきん》)

おなかの中央を縦に走る筋肉。ぽっこりおなかをギュッと引き締めます。しっかり鍛えて、ビキニを堂々と着られるナイスボディに！

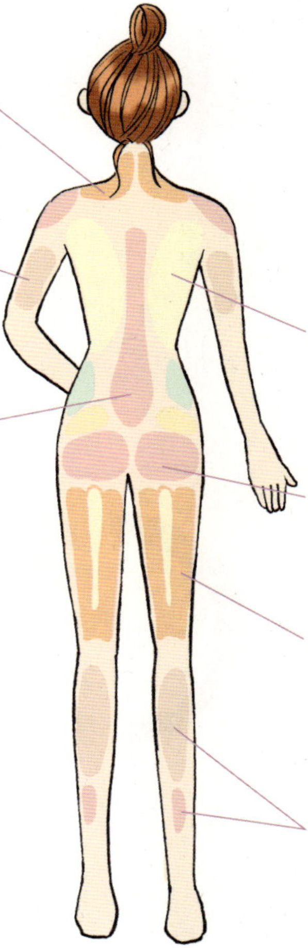

フェロモンUP筋
（僧帽筋《そうぼうきん》）

首の後ろから肩まで広がる筋肉。三角筋とともに鍛えて首すじをシャープに。これでフェロモンUP！

振り袖筋〈ウラ面〉
（上腕三頭筋《じょうわんさんとうきん》）

上腕の後ろ側にある筋肉。二の腕が振り袖のようにプルプルしている人はココを意識して。

美人度UP筋
姿勢美人筋
（脊柱《せきちゅう》起《き》立筋群《りつきんぐん》）

背骨を支える、とーっても大切な筋肉。私たちが立ったり座ったりできるのも、この筋肉のおかげ。

バックスタイルOK筋
（広背筋《こうはいきん》）

引き締まったバックスタイルをつくる筋肉。背中のあいたドレスを着こなすならココに集中！

ヒップアップ筋
（大臀筋《だいでんきん》）

おしりの中心となる筋肉。ココを鍛えるとヒップが上向きに。

細めパンツOK筋
（ハムストリングス）

太ももの裏側にある筋肉。大臀筋とともに鍛えると、ヒップアップ効果がさらに上昇！　細めパンツもイケちゃいます！

ミュールOK筋
（ヒラメ筋、腓《ひ》腹筋《ふくきん》）

足首を伸ばすときに働く筋肉。鍛えることで、ミュールの似合うホッソリ足首に。

Emi's Comment

筋肉は誠実です！　エクササイズ中は、筋肉のことを恋するように想ってあげて

筋肉はしっかり意識を向けて、使ってあげないとスネます。「動かすだけ動かしておいて、こきつかっておいて、興味ナシかい！」って（笑）。**で、自分で自分をどんどん破壊してしまうんですね。**怖いことに。ケガをしてギプスをつけると、筋肉量が落ちて棒のような腕や脚になるのもこのせい。だからね、せめてピラティスを行っている間は、たとえば「今、細めパンツOK筋君が、がんばって私の脚を引き締めてくれているんだな」とか、目を向けてかわいがってあげてほしいですね。筋肉は本当に誠実。意識して行うと、次の日の筋肉痛の心地よさも本当に違うの！　だから、す〜っごく想ってあげてくださいね！

POINT 3

イメージすれば、みるみるカラダが変わる！

さて、「意識する」からもう一歩進んで、「イメージする」について話をしましょう。

ピラティスでは、カラダのつくりや動きを、いろいろなイメージで表現していきます。私の場合、たとえば足首を回すエクササイズのときは「足の第一指と第二指の間に筆をはさんで空中の画用紙に丸く円を描くイメージで行いましょう」と指導しています。そうすることで、**目に見えない骨や筋肉をクリアにとらえることができ、意識を集中して正しくカラダを動かすことにつながる**んですね。

イメージのしかたは人それぞれなので、一番自分にピンとくるものを考えながらエクササイズしても楽しいですよ。

特に大切な骨盤、背骨、おなかの内側の筋肉はこんなふうにイメージしてみて！

カラダの芯となる「骨盤」「背骨」「おなかの内側の筋肉」は、
ピラティスでも重要としているパーツ。
しっかりイメトレをして、正しくカラダを動かせるようにしましょう。

骨盤

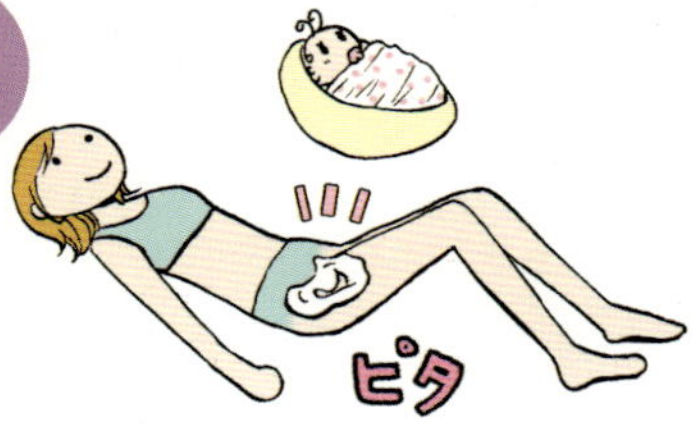

ゆりかごが前後左右に揺れないように

カラダの土台となる骨盤は、常に正しい状態（ニュートラル P.44）をキープすることがポイント。骨盤をゆりかごに見立て、前後左右に揺れないように、よいバランスを保っている状態をイメージしながらエクササイズを。骨格が矯正され、正しい位置に筋肉がつくようになります。

背骨

自転車のチェーンが動く様子を思い浮かべて

ピラティスでは、自転車のチェーンがカタカタと動く様子をイメージしながら背骨1個1個をなめらかに動かします。これにより、日常生活で曲がって潰れた状態の背骨をひとつひとつていねいに伸ばしてキレイに配列します。

おなかの内側の筋肉

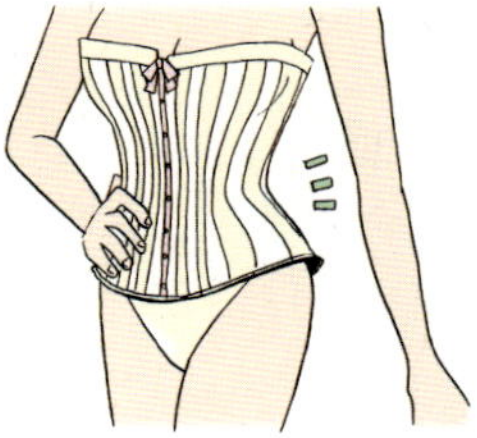

コルセットを身につけるイメージで常に引き締めて

正しい骨格をキープするためには、それを支える筋肉がなければ元も子もありません。ピラティスでは、常におなかを引き締め、筋肉のコルセットを身につけている状態をイメージしながら行います。そうすることで、インナーマッスルが効果的に鍛えられ、芯の強いカラダになります。

イメージのしかたは人それぞれ。ピンときた表現をチョイスして

一人ひとり感性が違うように、カラダの動きや仕組みのとらえ方も千差万別。この本では、各エクササイズに私なりのイメージポイントを紹介していますが、必ずしもその通りにイメージしなければならない、というわけではありません。**イメージするのは、あくまでもカラダを正しく動かすための手段のひとつ。**そこがピラティスのおもしろさでもあります。慣れてきたら、自分なりのオリジナルの表現を考えても楽しいですね。自分がカラダをどんなふうにとらえているのか、新しい発見があるかもしれませんよ。

POINT 4

呼吸ができればなおヨシ!

最後のポイントは呼吸です。

ピラティスでは、基本的に、**カラダを動かすときに口から息を吐き、動かさないときは鼻から息を吸う胸式呼吸**をします（稀《まれ》に逆のパターンがあります）。

なぜなら、まず、カラダを動かしやすくなるという利点があります。前屈をしてみてください。息を吐きながら行うと、伸ばしやすくなりますよね。

また、動きと呼吸を合わせることによって、カラダの中に十分な酸素を取り込むことができます。すると、効率よく脂肪を燃焼することができ、短時間でカラダを引き締めることができるんですよ。これはオトクですよね!

こんなふうにしてみて

ポイントは、深く呼吸すること。横隔膜がしっかり動くので、自然と内臓が引き上がり、おなかがスッと引っ込みます。逆に呼吸が浅いと、内臓は下がったままに。おなかぽっこりの原因になります。

＊息を吸うとき＊

すうっ
カラダの中では…

大好きな食べ物や香水の匂いを思いきり吸い込むイメージ

息を吸うときは、好きな匂いを思いきり嗅ぐイメージで深く吸います。このとき、腹式呼吸のようにおなかをふくらませるのはNG。おなかはずっと引き締めたまま、胸の横と背中をふくらませるようにして。

こんなふうに意識してみて

息を吸うときは、肋骨《ろっこつ》1個1個の間にある筋肉を広げるように意識しながら肺へ空気を送りましょう。しっかり呼吸できたかどうかを確かめるためには、両手をアンダーバストに当ててみること。そこがふくらんでいればOKです。

＊息を吐くとき＊

カラダの中では…

明るいためいきをつくように「はぁーっ」

息を吐くときは、明るいためいきをつくように、口から「はぁーっ」と温かい息を出します。このとき、おへそを背中にくっつけるように、おなかを引き上げてへこませていきます。

こんなふうに意識してみて

息を吐くときは、おへその深いところ（カラダのコアの部分）から空気を送り出すように意識しましょう。しっかり呼吸できたかどうかを確かめるためには、両手をアンダーバストに当ててみること。そこがへこんでいればOKです。

Emi's Comment

まずは、ポーズを覚えてから呼吸法を取り入れるようにして

初心者には、最初から呼吸法を取り入れてエクササイズするのは難しいかもしれません。「あれ？　次は吐くor吸う、どっちだっけ？」なんて頭の中で考えてしまって、肝心の呼吸を止めてしまったり……。**ピラティスを行う上で、呼吸を止めてしまうのはタブー。**なぜなら、カラダに酸素が行き届かなくなり、筋肉が萎縮してしまうからです。ですから、最初にポーズを覚えて、慣れてきたら、少しずつ呼吸法と合わせて行うといいでしょう。何でもそうですが、最初から完璧にやろうとすると、後でヘトヘトになるもの。「急がば回れ」精神で、ゆっくり、自分のペースで取り組んでくださいね！

途中で挫折してしまう私……

ピラティスを継続する3つのコツ

今まであらゆるエクササイズを試してきたけれど、いつも挫折するのよね……
なんて方もいらっしゃるのでは？
美しさは、日々の努力があってこそ輝きを増すもの。
挫折しないで、キレイをゲットするコツを教えます！

その1・自分をほめること

まず、**ピラティスを行っている自分に対して、高い意識、誇りを持ちましょう。** そして、本誌で紹介しているピラティスの中から「とりあえず、これならできるな」と思うものをチョイスしてトライ。で、クリアできたら**「私、できるじゃん!」と自分をほめてあげて。**

その2・「やらなかった自分」「やらなかった期間」を責めないこと

ダイエットでも何でもそうですが、「1日やらなかったから、もう自分はダメだ」なんて自己嫌悪に陥って、それがストレスとなって、挫折するケースが多いようです。私の教室でも「先生、私1カ月通っていないからダメかしら」と言う生徒さんがいます。なので、私は「ダメじゃないよ!」と伝えています。なぜなら、**やっていない分は、これからどんどん取り返すことができる**からです。**過去の「やらなかった自分」「やらなかった期間」を責めないこと。未来を見つめること。** これが鉄則ですよ！

その3・ピラティスのチカラを信じること

ピラティスは、ガシガシやるトレーニングではないので、「本当にこんなにゆっくりとした動きで、効果があるのかな?」と思う人もいるかもしれませんね。そんな人たちに声を大にして言いたい、**「私のカラダを見て!」** と（笑）。本当にピラティスをはじめてからカラダの調子はいいし、モデルをやっていた10代の頃より体脂肪が少ないんですよ！ **とにかく、ピラティスのチカラを信じること。** 本当にそれっきゃないですね。

LESSON 3

いよいよ実践!
ピラティスレッスン

ここまで、自分のカラダを知り、
ピラティスを行うポイントを押さえてきました。
LESSON3では、いよいよ実践編に入ります。
大きくわけて、本誌で紹介するピラティスのじょうずな活用法、
基本のピラティスと部分別ピラティスの3つを紹介します。
いずれも、初心者でも取りかかりやすいメニューばかりです。
まずは、1日10分でも1ポーズでもトライしてみてくださいね。

ピラティスをじょうずに活用して、短時間で「なりたい自分」になろう！

せっかくピラティスをするのだから、短時間でバッチリ効果を上げたいもの。そこで、まずは、ピラティスのじょうずな活用法を伝授します！

セクシュアルなボディになりたい！

フェロモンUPコース

あご下からデコルテまでを整え、鎖骨がキレイに浮くようにします。

組み合わせMENU

①スイミング（P.62）
②スワン（P.92）
③キャットストレッチ（P.64）
④小顔ストレッチ（P.96）
⑤バストアップストレッチ（P.98）

ミニスカートをはきこなしたい！

美脚コース

おしりから脚全体にかけて引き締めます。

組み合わせMENU

①アンクルスピン（P.94）
②レッグサークル（P.86）
③ヒップスクイーズ（P.80）
④キャットストレッチ（P.64）
⑤Cカーブ（P.68）
⑥ニーライズ（P.72）

本誌で紹介しているピラティスは、ポーズを覚えるためにも、まずはひと通りトライしましょう。また、基本的に、**ブリージング（P.40）とロッキングペルビス（P.42）のふたつは最初に行う**ようにして。集中力が高まり、ココロとカラダをピラティス仕様にリセットできます。忙しい日は、ブリージングの代わりに、一日の中で一番深い深呼吸を1～2回するだけでもOKです。

なお、一日に行うエクササイズの数や時間には、特に決まりはありません。「今日は10分やろう」「この5つのエクササイズをマスターしよう」と自分で決めたら、**とにかく集中して行いましょう。**気をつけてほしいのが、一気に全

ビキニを堂々と着たい！

全身＋おなか集中コース

トータルでカラダを整え、弓のようなウエストラインをつくります。

✳組み合わせMENU✳

①オブリクス（P.78）
②フラッターキック（P.82）
③キャットストレッチ（P.64）
④スパインツイスト（P.74）
⑤Cカーブ（P.68）

仕事で疲れたカラダを癒したい！

カラダほぐしコース

デスクワークで崩れた全身のバランスを整え、肩のコリをほぐします。

✳組み合わせMENU✳

①ニーオープン（P.48）
②アームサークル（P.50）
③ショルダーブリッジ（P.46）
④ニーライズ（P.72）
※ロールアップ（P.20）で起き上がって
⑤テーブルバランス脚だけバージョン（P.58）
※テーブルバランス　脚だけバージョン（P.58）ができる人は、手と脚バージョン（P.60）を行って

ジーンズがスッキリ似合う女の子になりたい！

小尻"キュッ"コース

おしりの位置を高くし、キュッと引き締めます。

✳組み合わせMENU✳

①シングルレッグストレッチ（P.70）
②ハンドレッドレベルアップバージョン2（P.91）
③レッグサークル（P.86）
※そのままひっくりかえって
④ヒップスクイーズ（P.80）
⑤フラッターキック（P.82）
⑥キャットストレッチ（P.64）

※ブリージング（P.40）とロッキングペルビス（P.42）を行ってからメニューに入りましょう。白い文字のものは、はしょってもOKのものです。

部やろうとがんばりすぎてしまわないこと。集中力が途中で切れて動きが雑になってしまい、がんばった割には効果が半減……なんて残念なことに。**「量より質」**を肝に銘じて！

そして、慣れてきたら、自分で自由にピラティスを組み合わせてオリジナルメニューをつくりましょう！　たとえば、ミニスカートが似合うカラダになりたい場合は、脚全体を引き締めるピラティスをいくつか選んで組み合わせればOK。ポイントは、立つ⇅しゃがむ⇅座る⇅寝る、というふうに、**流れるような動きで組み合わせること。**そして、寝ている状態から起き上がるときは、ロールアップ（P.20）やキャットストレッチ（P.64）でゆっくり上体を起こすことです（貧血防止になります）。

コツさえつかめば、あとは自由自在。「なりたい自分」に向かって、いろいろ組み合わせてトライしてくださいね！

まだまだある!

ピラティス組み合わせ例

ピラティスの組み合わせはまさに無限大。
部位別やライフスタイル別に、自由に組み合わせてみて。

ノースリーブをさっそうと着たい!

二の腕引き締めコース

二の腕から背中まで、おもに背面を鍛えます。

※組み合わせMENU※

①アームサークル(P.50)
※ひっくり返って
②スワン(P.92)
③アームプッシュ(P.88)
④キャットストレッチ(P.64)
⑤スパインツイスト(P.74)
※起き上がって
⑥ハンドレッド(P.90)

トータルで改造したいけれど時間がない!

はしょって全身コース

各部位別に効果的なものをピックアップして行います。

※組み合わせMENU※

①ショルダーブリッジ(P.46)
②アンクルスピン(P.94)
③ニーライズ(P.72)
④Cカーブツイスト(P.76)
⑤フラッターキック(P.82)
⑥キャットストレッチ(P.64)

今の自分がイヤ。トータルで改造したい!

全身みっちりコース

毎日1時間、じっくりベーシックコースを行います。

※組み合わせMENU※

ベーシックピラティスを順番に全部

モデルのような小さい顔になりたい!

小顔コース

デコルテからあごのラインを引き締めて、たるみをなくします。

※組み合わせMENU※

①スイミング(P.62)
②キャットストレッチ(P.64)
③小顔ストレッチ(P.96)
④バストアップストレッチ(P.98)

あこがれのヤセ体質になりたい!

体脂肪燃焼コース

インナーマッスルと大きめの筋肉を鍛えます。

※組み合わせMENU※

①ニーオープン(P.48)
②ニーライズ(P.72)
③オブリクス(P.78)
※ひっくり返って
④アームプッシュ(P.88)
⑤フラッターキック(P.82)
⑥キャットストレッチ(P.64)

冷え・むくみ知らずのカラダになりたい!

カラダポカポカコース

おもに脚のつけ根にある太い血管をほぐして、血行を促進します。

※組み合わせMENU※

①ショルダーブリッジ(P.46)
②アンクルスピン(P.94)
③レッグサークル(P.86)
④シングルレッグストレッチ(P.70)
⑤スワン(P.92)
⑥キャットストレッチ(P.64)

※ブリージング(P.40)とロッキングペルビス(P.42)を行ってからメニューに入りましょう。白い文字のものは、はしょってもOKのものです。

STEP1

ベーシックピラティス

Basic Pilates

基本となるピラティスです。
カラダの土台となる骨盤と背骨を整え、
全身をバランスよく鍛えるエクササイズを
13個紹介しています。
まずは、少しずつでも、ひと通り
トライしてみてくださいね。

深い呼吸でカラダの中心まで酸素を行き渡らせる

ブリージング

ココに効く！ ✦リラックス ✦内臓活性 ✦免疫力アップ ✦代謝アップ

ピラティスの基本となる胸式呼吸です。
深い呼吸をすることによって少しずつ自律神経系の
調子が整い、代謝が高まって、免疫力が活性化されます。
初めのうちは少し難しいかもしれませんが、
少しずつ慣れていきましょう。
コアの筋肉を鍛えるトレーニングでもあります。

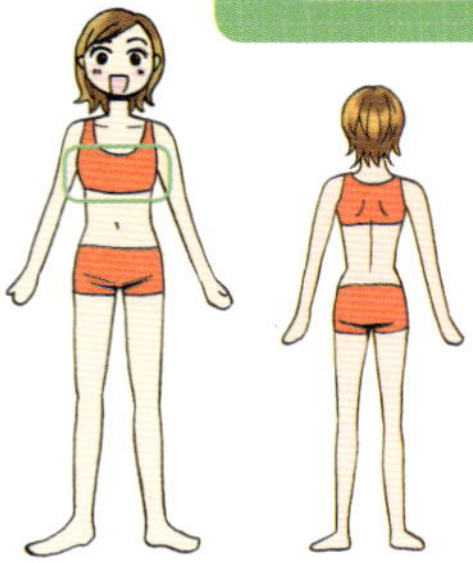

ココを意識して！
■肋骨

これを3〜4分

1 立てひざであおむけになる

あおむけで両ひざを立てます。ひざとひざの間、あごの下はオレンジ1個分のスペースをあけ、肩の力を抜きます。おなかは少しへこませた状態をキープ。

ひざは真上に向けて
おなかはキュッと
肩の力を抜いて

Emi's Comment

両手をアンダーバストに当てて呼吸するとイメージしやすい！

両手をアンダーバストに当てながらトライするとわかりやすいでしょう。息を吸うときに、アンダーバストが膨らんでいれば OK です。胸のまわりにタオルを巻き、タオルがきつく感じるぐらい空気を吸って練習するのもいいですね。

ヒーリングミュージックをかけながら行ってみて

しっかり呼吸するためには、まずはリラックスすることがポイント。お気に入りのヒーリングミュージックをかけながら、心地よく呼吸しましょう。1曲の時間（3〜4分）を目安に。

image Point

Image1 **大好きな香りを思いきり嗅ぐイメージで、深く息を吸い込む**

まず、大好きな食べ物や香水の匂いを思いきり嗅ぐイメージで、鼻から息を気持ちよく吸いましょう。肋骨《ろっこつ》の骨と骨の間の筋肉を広げるように、深く吸い込むことがコツです。レッスン前に好きな香りのアロマを焚いておくのもよいでしょう。

すうーっ

Image2 **明るいためいきをつくように「はあーっ」。カラダ全体を大地のクッションにゆだねるイメージ**

明るいためいきをつくように、口から「はあーっ」と温かい息を吐き出します。息を吐くと同時に、カラダが重たくなって地面のクッションに沈んでいく感覚をイメージするとやりやすいでしょう。

3 口から息を吐く

口から「はあーっ」と温かい息をゆっくり遠くへと吐きます。胸の空気をすべて吐き出すつもりで行いましょう。

おへそを背中にくっつけるように

おなかはキュッと
はあーっ

Check!

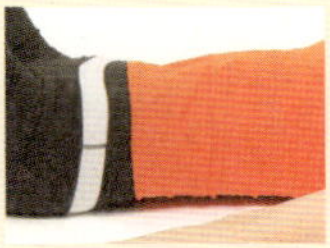

胸の空気がすべて吐き出され、背中と床がぴったりとくっついている状態に。

Check!

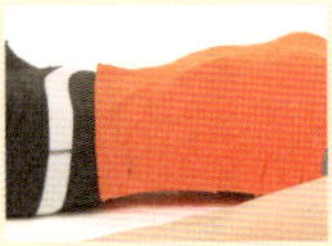

キツいジーンズのジッパーを上げるようにおなかを引き締め、横隔膜をグーンと膨らませるように意識して。胸が吸い上げられ、背中と床との間に自然とすき間ができます。

胸をグーッと広げて

おなかはキュッと
すーっ

2 鼻から息を吸う

鼻から息を吸います。おなかは引き締めたまま、胸と背中をグーッと膨らませるようにイメージしましょう。たくさん吸い込もうとすると肩に力が入るので気をつけて。

 [呼吸法] ピラティスは、鼻から息を吸い、口から息を吐く「胸式呼吸」が基本。おなかは常に引き締め、深く呼吸しましょう。

骨盤を揺らして動きを確認する

ロッキングペルビス

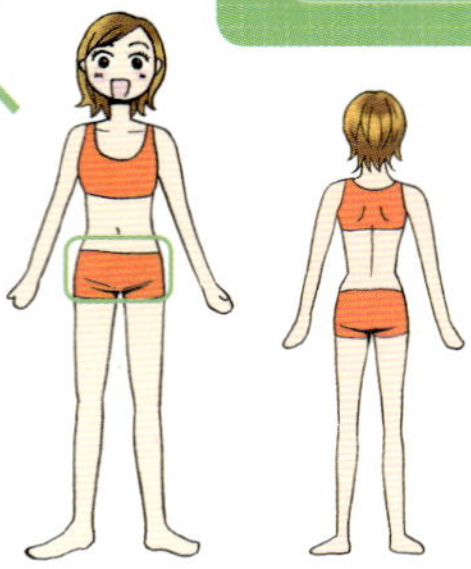

ココに効く! ✦骨盤のゆがみ矯正 ✦下腹部の引き締め

骨盤（ペルビス）を揺らす（ロッキング） 運動です。
骨盤を前後にゆっくり動かすことで、
骨盤と骨盤の周辺の骨（股関節など）が
本来の正しいポジションに戻り、安定します。
動きは地味ですが、均整のとれたプロポーションをつくる
土台となる大切なエクササイズです。
朝の目覚めに行ってもいいでしょう。
気分がシャキッとしますよ。

ココを意識して!
■骨盤

ひざは真上に向けて
おなかはキュッと
肩の力を抜いて

1 立てひざであおむけになる

あおむけで両ひざを立てます。ひざとひざの間、あごの下はオレンジ1個分のスペースをあけ、肩の力を抜きます。おなかは少しへこませた状態をキープ。

背骨でアーチを描くように
おなかはキュッと
息を吸いながら
左右の腰骨の高さがそろうように

2 背中を反らせる

息を吸いながら、背骨でアーチを描くように背中を反らせます。

Check!

腰と床の間に腕1本が入るくらいのすき間があくイメージで。

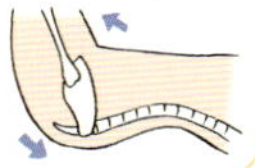
おなかの中では…

image Point

Image1 **骨盤は揺りかごのように前後に揺らすこと**

骨盤を揺りかごだとイメージしましょう。揺りかごが前後にゆっくり揺れるように、骨盤が下方から順に床からはがれ、上方から順にくっついていく動かし方が理想です。

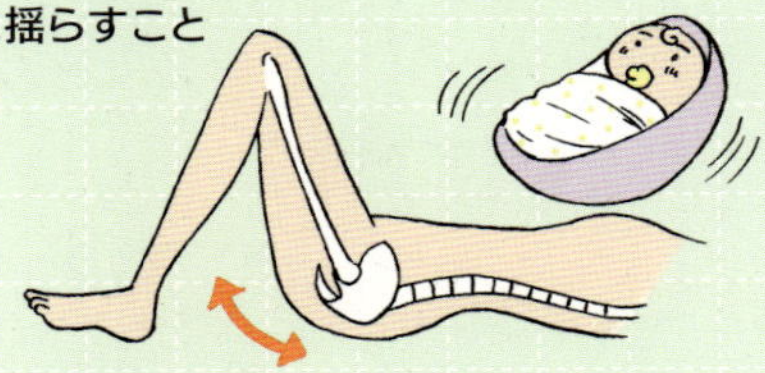

Image2 **おへそと恥骨の間で ビー玉を転がすイメージで**

下腹部の上にビー玉が乗っていて、骨盤を揺らすことでビー玉がおへそと恥骨の間をコロコロと転がりながら往復する様子をイメージしましょう。ビー玉が上下まっすぐ転がるように、左右の腰骨の高さがバラつかないように意識して。

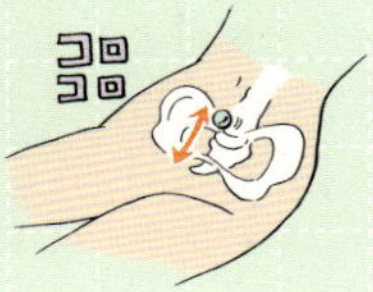
コロコロ

3 背中と腰を床に押しつける

口から息を吐きながら、腹筋を使って背中と腰を床にグーッと押しつけます。このとき、自然と恥骨が少しだけ浮きます。この状態から、再び息を吸い、2の状態に戻ります。

Check!

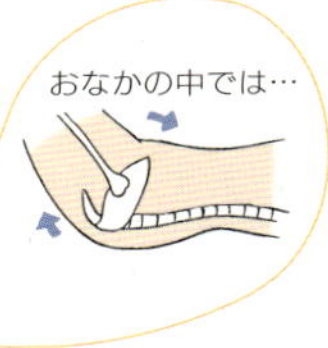
おなかの中では…

腰のくぼみをつぶすイメージで行うとよいでしょう。

おなかはキュッと
息を吐きながら
左右の腰骨の高さがそろうように

2、3を5〜10セット

Emi's Comment

背中と腰を床に押しつけるときに力を入れる部分がインナーマッスル

背中と腰を床に押しつけるときに力を入れる部分に意識を集中すると、インナーマッスルを使うイメージがつかみやすいでしょう。

出産後の骨盤矯正にも効果的です!

女性の骨盤は、ホルモンの影響で出産時に開く仕組みになっています。ですから、出産後は骨盤をキュッと締めることが大切。そのためにも、ロッキングペルビスはオススメのエクササイズです。最近では、出産後に骨盤を整える運動をすすめる産婦人科も多くなったようです。

骨盤のベストポジションをカラダで覚える
ニュートラル

ココに効く！ ✦骨盤のゆがみ矯正 ✦下腹部の引き締め

ロッキングペルビス(P.42)で骨盤が動いている様子を感じたら、いよいよ基本となる骨盤の正しい位置「ニュートラルポジション」をしっかり認識しましょう。背骨はゆるやかなS字カーブを描き、骨盤が前後に傾斜しすぎず、さらに左右ともに傾かない、ちょうどよいポジションにある状態です。

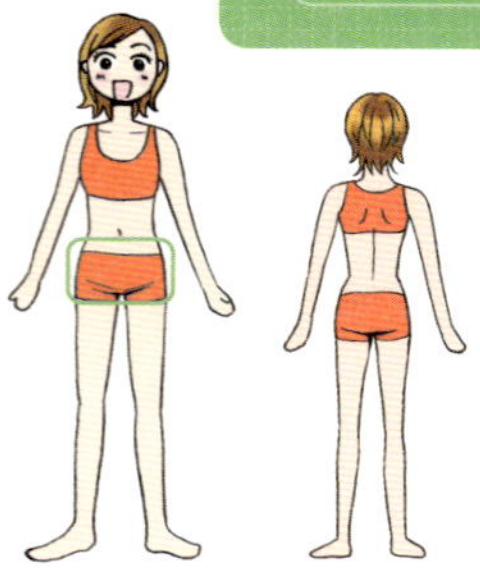

ココを意識して！
■骨盤

あおむけバージョン

ひざは真上に向けて
おなかはキュッと
肩の力を抜いて
左右の腰骨がどちらにも傾かない状態
背骨が自然なS字カーブを描くように

Check!

腰と床の間に指1～2本入るぐらいのすき間ができます。

骨盤と床を水平にする

あおむけで両ひざを立てます。肩の力を抜いて、骨盤と床を平行にします。
背骨が自然なS字カーブを描き、左右の腰骨がどちらにも傾かない状態をキープしましょう。

image Point

おなかの上にのせたビー玉がピタリと止まっている状態をイメージ

まず、左右の手を合わせて腰骨と恥骨を結んだ三角形の板をイメージしましょう。その重心にビー玉をのせたとき、ピタリと静止するのがニュートラルの状態になります。

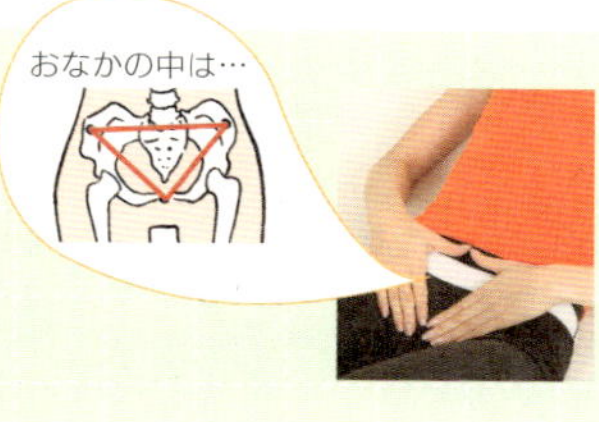
おなかの中は…

[ポーズ] まずは、正しいポーズを覚えることが大切。慣れてきたら、呼吸法と合わせて行いましょう。

立ちバージョン

骨盤と床を垂直にする

足は腰幅に開いて立ちます。重心はしっかりと真ん中に置きます。足の第一指と第五指、かかとの3点に均等に体重をのせるように意識するとよいでしょう。おしりをキュッと締め、骨盤と床を垂直にします。

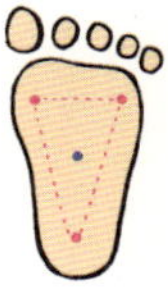

頭は上に引っ張られているイメージで
おなかはキュッと
おしりは引き締めた状態で
重心は真ん中に
足は腰の幅に開く

これはNG!

写真左は背中を反らせすぎ。姿勢よくしようと心がけているものの、背骨が弓なりに反り、おなかが突き出てしまっています。若い女性の6～7割はこのタイプです。写真右は、猫背で背骨がC字型に曲がり、恥骨が前に出すぎた状態。いずれも腰への負担が大きく、腰痛やヘルニアの原因に。

コレも覚えたい!

骨盤の傾斜を確認する
インプリント

立てひざであおむけになり、ひざとひざの間、あごの下はオレンジ1個分のすき間をあけます。腹筋に力を入れて背中と腰をグーッと床に押しつけます。ロッキングペルビス（P.42）の3の状態です。

Check!

骨盤はおなかのほうが下に傾き、腰の下にはすき間がありません。

image Point

おなかの上にのせたビー玉がおへそ側に向かって転がるイメージ

まず、左右の手を合わせて腰骨と恥骨を結んだ三角形の板をイメージします。その重心にビー玉をのせたとき、恥骨からおへそ側に向かってコロコロと転がるのがインプリントの状態です。

 ［呼吸法］ピラティスは、鼻から息を吸い、口から息を吐く「胸式呼吸」が基本。おなかは常に引き締め、深く呼吸しましょう。

Basic Pilates

04

背骨のゆがみを直し、全身のバランスを整える

ショルダーブリッジ

ココに効く! ✦全身のゆがみ矯正　✦内臓活性
✦おなか・おしり・内ももの引き締め

背骨を1個ずつ意識しながら動かし、
日常生活でゆがんだ脊柱を正しい位置に
リセットするエクササイズです。
背中は、尾骨から腰にかけてゆっくりと上げていくのがポイント。
おなかまわりのコアの筋肉とハムストリングスを
しっかり使いましょう。姿勢がよくなるのはもちろん、
ウエストから内ももまわりがキュッと引き締まります。

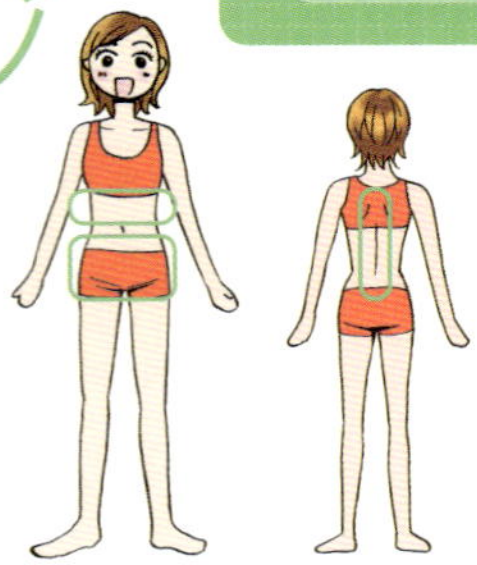

ココを意識して!
■骨盤　■筋肉のコルセット　■姿勢美人筋

1 立てひざであおむけになり、骨盤をニュートラルにする

あおむけで両ひざを立てます。ひざとひざの間、あごの下はオレンジ1個分あけ、骨盤をニュートラル(P.44)にします。

おなかはキュッと

2 骨盤をインプリントにする

息を吸って、吐くと同時に骨盤をインプリント(P.45)にします。

おなかはキュッと
息を吸って、
吐きながら

image Point

Image1 **自転車のチェーンがカタカタと動くイメージで**

背骨の動きがわかりにくいときは、自転車のチェーンを思い浮かべてみて。1本のチェーンの端を持って上げたり下げたりするとき、チェーンの1個1個がカタカタと持ち上がり、下りていきますね。それと同様に、背中を上げるときは、座骨から1個目、2個目、3個目……と、背骨を順に床からはがしていくようにイメージするのがコツです。下ろすときは、体重を使って背骨を1個ずつ床に押しつけてマッサージするように。首の後ろや足に余分な力が入らないように注意して。

Image2 **左右の腰骨の高さが常にそろうように**

腰を上下するときは、骨盤を水平にキープすることが大切です。どちらか片方だけが上がって腰がねじれてしまっては意味がありません。コアの筋肉をしっかり使って、ゆっくりと動かすようにしましょう。

カタカタ

これを5セット

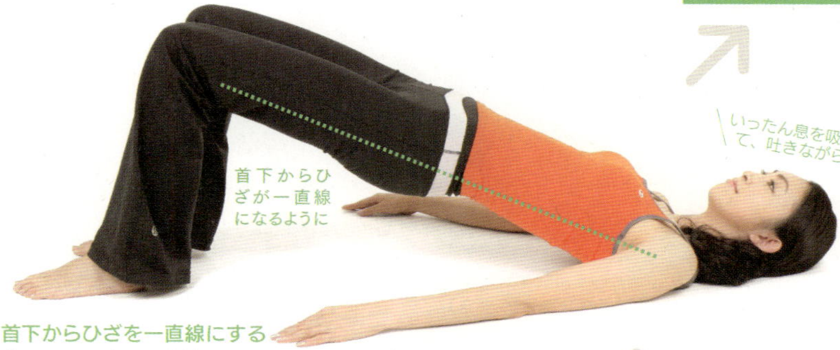
いったん息を吸って、吐きながら
首下からひざが一直線になるように

4 首下からひざを一直線にする

首下からひざが一直線になったら、いったん息を吸います。そして、息を吐きながら、ゆっくりと首のほうの背骨から1個ずつ順に床に押しつけるようにして1に戻ります。背骨をしっかり意識して。

3 ゆっくりと骨盤を上げる

そのまま息を吐きながら、背骨を座骨から1個ずつ床からはがすように骨盤をゆっくり上げます。腹筋と太ももの筋肉を使って、左右の骨盤は水平を保つようにしましょう。

左右の骨盤は水平に保つ
胸は沈めたまま
そのまま息を吐きながら
足の裏は床につけたまま
首の後ろに力を入れすぎない

［呼吸法］ピラティスは、鼻から息を吸い、口から息を吐く「胸式呼吸」が基本。おなかは常に引き締め、深く呼吸しましょう。

股関節をしなやかにして、骨盤のゆがみを矯正する

ニーオープン

ココに効く! ✦股関節をしなやかにする ✦骨盤のゆがみ矯正 ✦おなか・おしりの引き締め

骨盤はニュートラルをキープしたまま、ゆっくりと脚を左右に倒すエクササイズです。股関節と骨盤のつながりがしなやかになり、ゆがみを矯正します。また、息を吐いておなかを引き上げながら動かすため、ウエストをキュッと引き締める効果もあります。

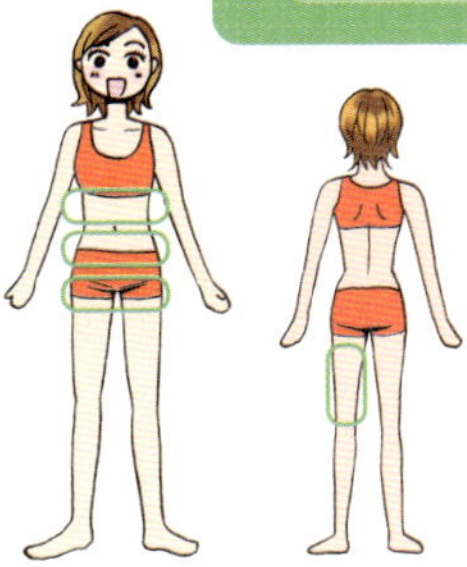

ココを意識して!

■骨盤 ■股関節 ■筋肉のコルセット ■細めパンツOK筋

1 立てひざであおむけになり、骨盤をニュートラルにする

立てひざであおむけになります。ひざとひざの間、あごの下はオレンジ1個分あけ、骨盤をニュートラル（P.44）にしたら息を吸います。

おなかはキュッと
息を吸う

2 右脚をゆっくり倒し、ゆっくり元に戻す

息を吐きながら右脚をゆっくり右方向に倒し、息を吸いながら元の状態に戻します。この間、左右の腰骨は動かないようにキープして。左脚も同様に。

背中は床にくっつけたまま
左右の腰骨が動かないように
腕で踏ん張らないように
息を吐きながら

左右交互に3セットずつ

Emi's Comment

まずは両手で左右の腰骨を押さえながらトライ!

脚を動かすときは無意識に腰骨を動かしてしまいがち。これでは、骨盤はニュートラルをキープできません。まずは、両手で左右の腰骨を押さえながらトライして。腰骨がどれくらい動いているのかチェックできます。

image Point

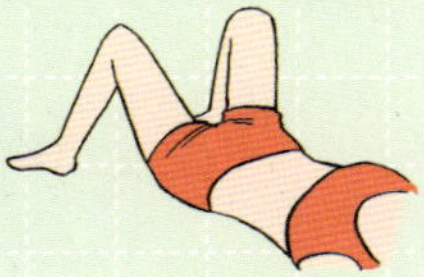

Image1 脚は時計の針になぞらえて。右脚は2時、左脚は10時を指すように

時計の針になぞらえて、右脚は2時、左脚は 10 時を目安に開きましょう。やりづらい人は開くところまでで OK です。脚をセンターに戻すときは、勢いをつけて脚の力だけで動かさないこと。腹筋をグーッと引き上げながら、ゆっくりと戻すことがポイントです。

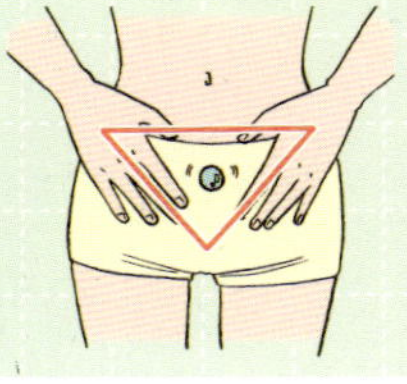

Image2 おなかの上にのせたビー玉がピタリと止まっている状態をイメージ

左右の手を合わせて腰骨と恥骨を結んだ三角形の板の重心にビー玉をのせたとき、ピタリと静止するのがニュートラルの状態です。ビー玉が動かないようにイメージしながら、股関節をゆっくりと動かしましょう。背中、腰が床から浮かないように注意して。

レベルアップ

ニーオープンの応用編です。ちょっぴりキツいけど、おなかの引き締めに効果絶大！
バージョンがアップするにつれて難易度が高くなるので、順番にトライしてみて！

Version1

両脚を上げた状態でニーオープン!

立てひざであおむけになり、骨盤をニュートラルにします。そのまま脚を上げてひざを90度に曲げ、息を吐きながら右脚を右方向にゆっくり倒し、息を吸いながら元の状態に戻します。左脚も同様に。

左右交互に
3セットずつ

Version2

両脚を上げ、腕を十字に組んだ状態でニーオープン!

立てひざであおむけになり、骨盤をニュートラルにします。そのまま胸の上で腕を十字に組み、脚を上げてひざを90度に曲げます。そして、息を吐きながら右脚を右方向にゆっくり倒し、息を吸いながら元の状態に戻します。左脚も同様に。

左右交互に
3セットずつ

 ［呼吸法］ピラティスは、鼻から息を吸い、口から息を吐く「胸式呼吸」が基本。おなかは常に引き締め、深く呼吸しましょう。

首、肩のコリをほぐして、鎖骨ラインをキレイに

アームサークル

ココに効く! ✦肩コリ解消　✦全身のゆがみ矯正
✦二の腕・背中の引き締め

一見、腕を上げるだけに見えますが、
実は、肩甲骨からわき、背中にかけての筋肉を
バランスよく使うエクササイズです。
肩甲骨のポジションが安定し、首や肩に余分な負担を
かけずに、カラダの中心から腕を正しく動かすことが
できるようになります。肩コリ解消にも効果的です。

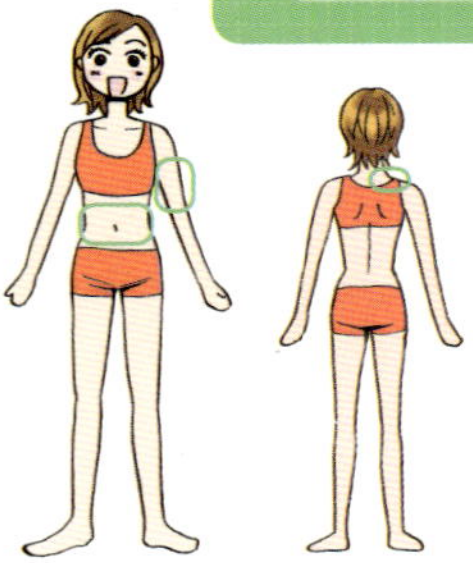

ココを意識して!
■筋肉のコルセット　■振り袖筋〈オモテ面〉
■フェロモンUP筋

1 立てひざであおむけになり、骨盤をニュートラルにする

あおむけで両ひざを立てます。ひざとひざの間、あごの下はオレンジ1個分あけ、骨盤をニュートラル(P.44)にします。

おなかはキュッと

2 指先を伸ばし、ゆっくりと腕を上げる

指先を伸ばし、息を吸いながら、腕をゆっくりと上げます。このとき、肩甲骨が床から浮かないように注意して。

指先まで
伸ばして
息を
吸いながら
肩甲骨が床から
浮かないように

Emi's Comment

肩甲骨をフルに使って。
四十肩、五十肩にも効果アリ!

ただ単に腕を動かすのではなく、腕のつけ根となる肩甲骨を意識しながらしっかり広げていくことがポイント。四十肩、五十肩の改善にも効果的です。

image Point

Image1 指先が遠くへと引っ張られるイメージで

バンザイのポーズをするときは指先が遠くへ引っ張られるようなイメージで。腕を上げようとすると勢いをつけてしまいがちなので、むしろ引っ張られて伸びる感じがいいでしょう。肩甲骨は床から浮かないように注意して。

Image2 たくさんの空気をカラダに寄せ集めるように

新鮮な空気をたっぷりカラダに寄せ集めるようにイメージしながら、腕を動かして大きく円を描いていきましょう。気持ちもリラックスします。

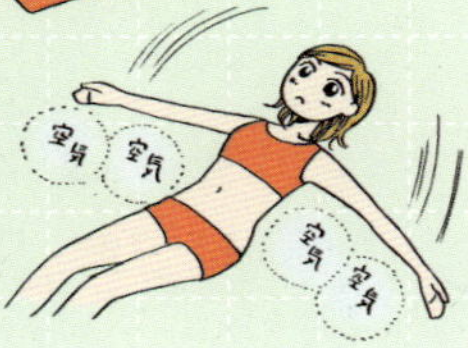
空気
空気
空気
空気

これを10セット

肩甲骨が床から
浮かないように
羽を大きく広げ
るように、円を
描きながら
息を
吐きながら

4 腕で円を描きながら1に戻る

息を吐きながら、腕を左右に広げて円を描くように動かして1に戻ります。

そのまま息を
吸いながら
肩甲骨が床から
浮かないように
指先は遠くに伸
ばすイメージで

3 バンザイのポーズになる

そのまま息を吸いながら、腕をバンザイの位置までもっていきます。

 ［呼吸法］ピラティスは、鼻から息を吸い、口から息を吐く「胸式呼吸」が基本。おなかは常に引き締め、深く呼吸しましょう。

全身のバランスを整えて、肩コリ解消にも効く

ショルダーブリッジ+アームサークル

ココに効く! +肩コリ解消 +全身のゆがみ矯正 +内臓活性 +二の腕・背中・おなかの引き締め +小尻

ショルダーブリッジの体勢で行うアームサークルです。
全身のバランスを整え、肩甲骨のポジションが安定します。
腕を上下する間は、肩甲骨が床から浮かないようにするのがポイント。
上体を上げる時間が長いので、カラダが反ったり、
おしりが落ちたりしないように、キレイな一直線をキープして!

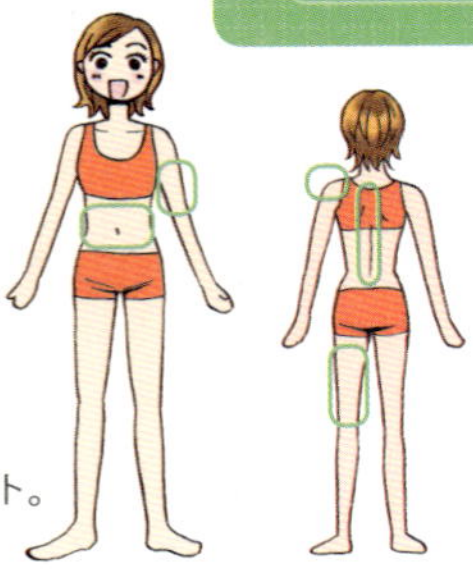

ココを意識して!

- 筋肉のコルセット
- 振り袖筋〈オモテ面〉
- 細めパンツOK筋
- フェロモンUP筋
- 姿勢美人筋

1 立てひざであおむけになり、骨盤をニュートラルにする

あおむけで両ひざを立てます。ひざとひざの間、あごの下はオレンジ1個分あけ、骨盤をニュートラル(P.44)にします。

おなかはキュッと

2 上体を上げて、ショルダーブリッジのポーズ

息を吸って、吐くと同時に骨盤をインプリント(P.45)にします。そのまま息を吐きながら、背骨を座骨から1個ずつ床からはがすように骨盤をゆっくり上げてショルダーブリッジ(P.46)をします。

首下からひざが
一直線になるように
息を吸って、
吐きながら

3 指先を伸ばし、ゆっくりと腕を上げる

指先を伸ばし、息を吸いながら、腕をゆっくりと上げます。このとき、肩甲骨が床から浮かないように注意して。

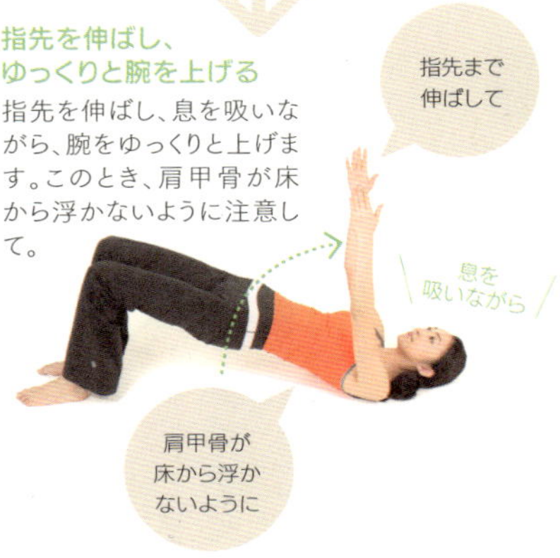
指先まで
伸ばして
息を
吸いながら
肩甲骨が
床から浮か
ないように

4 指先を伸ばして、バンザイのポーズ

そのまま息を吸いながら、腕をバンザイの位置までもっていきます。

そのまま息を
吸いながら
肩甲骨が
床から浮か
ないように
指先は遠く
に伸ばすイ
メージで

image Point

Image1 おなかの筋肉を使って、どっしりとカラダを支えながら

ピラティスの基本は「おなか」。まず、おなかの筋肉を使って、大木の幹のようにカラダをしっかりと支えます。そして、背中の筋肉を意識しながら肩甲骨をおしりのほうに下げ、腕のつけ根から気持ちよく動かしましょう。

ぽん

Image2 指先が遠くへと引っ張られるイメージで

腕を動かすときは、指先が遠くへ引っ張られるようなイメージで。腕を上げようとすると勢いをつけてしまいがちなので、むしろ引っ張られて伸びる感じがいいでしょう。肩甲骨が床から浮かないように注意して。

ぎゅーっ

上体がぐらつかないように
羽を大きく広げるように、円を描きながら
息を吐きながら

5 腕で円を描きながら2に戻る

息を吐きながら、腕を左右に広げて円を描くように動かして2に戻ります。上体を上げている時間が長いのでぐらつかないように。

息を吸いながら

6 再び腕を上げる

息を吸いながら、再び腕を上げていきます。

そのまま息を吸いながら
指先は遠くに伸ばすイメージで

7 指先を伸ばして、バンザイのポーズ

そのまま息を吸いながら、バンザイのポーズをします。

息を吐きながら

8 上体をゆっくり下ろし、腕を下げて1に戻る

息を吐きながら、ゆっくりと首のほうの背骨から1個ずつ順に床に押しつけるようにして腰を下ろします。最後に、息を吸いながら腕を下ろして1に戻ります。

これを5セット

[呼吸法] ピラティスは、鼻から息を吸い、口から息を吐く「胸式呼吸」が基本。おなかは常に引き締め、深く呼吸しましょう。

背中からウエストまでのラインをキレイにする

バックスロープ

ココに効く! ✦全身のゆがみ矯正　✦背中のラインをキレイにする　✦背中・わき腹の引き締め

うつぶせになり、背中(バック)で坂道(スロープ)を描くエクササイズです。ウエストから背中全体に意識を集中して行うため、背中が引き締まり、腰まわりのぜい肉を撃退！　注意したいのは、肩をすくませたままカラダを上げようとしないこと。背中とおなかの筋肉をしっかり使いましょう。

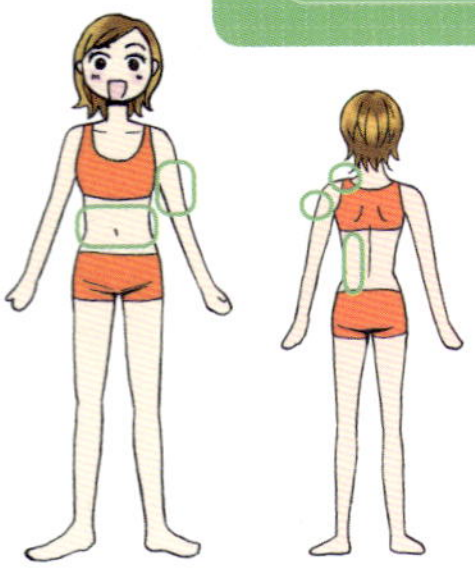

ココを意識して!

■筋肉のコルセット　■振り袖筋〈オモテ&ウラ面〉
■バックスタイルOK筋　■フェロモンUP筋

手のひらは
天井に向けて
息を
吐く
おなかはキュッと

1 うつぶせになる

うつぶせに寝て、両腕はカラダのわきに添え、手のひらを天井に向けます。あごは床につけ、息を吐きます。

手のひらに空気
をのせて持ち上
げるイメージで
ひじが曲
がらない
ように
息を
吸いながら

2 両腕を10cmほど上げる

息を吸いながら、手のひらに空気をのせて持ち上げるイメージで、両腕を床から10cmほど上げます。ひじが曲がらないように腕全体を上げましょう。

image Point

Image1 誰かに頭のほうから遠くへ引っ張られているイメージで

上体を起こすときは、おなかと背中の筋肉を使いながら、ゆっくりと。誰かに頭のほうから遠くへ引っ張られるイメージです。

Image2 頭のてっぺんから腰まで、坂道のようにまっすぐと

頭のてっぺんから腰までまっすぐ伸ばして、背面でスロープ（坂道）をつくるイメージで行います。肩甲骨は斜め下にグーッと下げて、おへそに引きつけるようにして。

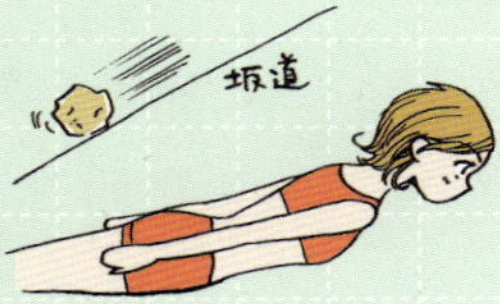
坂道

これはNG!

肩の力で上体を起こそうとすると、背骨が反れて筋肉が正しく使えなくなってしまい、効果が半減！　腰にも負担がかかります。背筋と腹筋をしっかり使って上体を起こすようにしましょう。

2、3を5セット

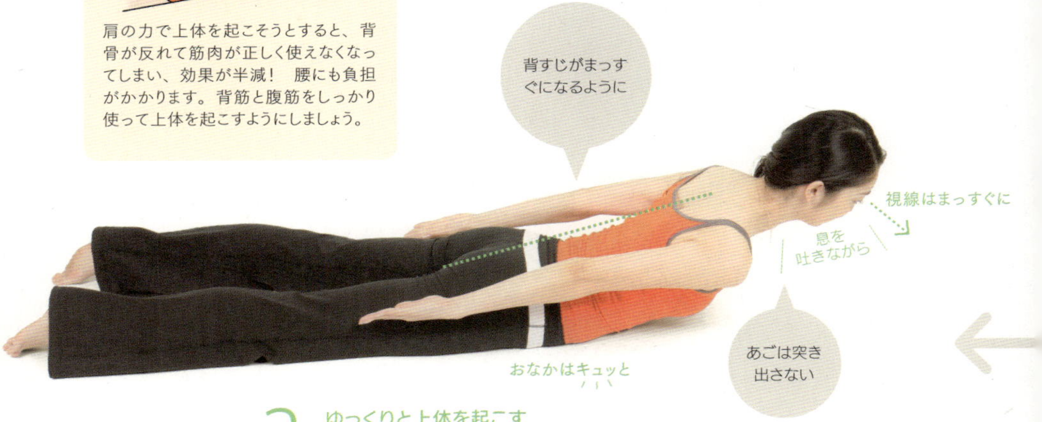
背すじがまっすぐになるように
視線はまっすぐに
息を吐きながら
あごは突き出さない
おなかはキュッと

3 ゆっくりと上体を起こす

息を吐きながら、おへその位置までゆっくりと上体を起こします。肩甲骨は下げたまま、おなかの力をしっかり使いましょう。このとき、脚が浮いてもOKです。その場で息を吸い、吐きながらゆっくりと2に戻ります。

［呼吸法］ピラティスは、鼻から息を吸い、口から息を吐く「胸式呼吸」が基本。おなかは常に引き締め、深く呼吸しましょう。

背骨を柔軟にして肩コリ&腰痛の予防に。ヒップアップ効果も

キャットポーズ

ココに効く! ✦全身のゆがみ矯正 ✦肩コリ・腰痛の予防 ✦内臓活性 ✦ヒップアップ

背骨を柔軟にするストレッチです。
猫が伸びをするイメージで、気持ちよく
背中を伸ばしましょう。背骨の骨と骨の間は
できるだけ伸ばすように。肩コリ・腰痛の予防になります。
空中で骨盤を揺らす運動でもあるので、
ヒップアップも期待できますよ!

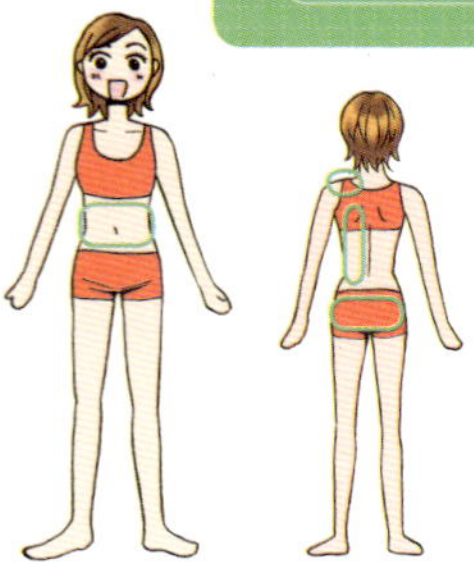

ココを意識して!
■筋肉のコルセット ■バックスタイルOK筋
■ヒップアップ筋 ■フェロモンUP筋

1 四つん這いになり、骨盤をニュートラルにする

四つん這いになり、両ひざは骨盤の幅ぐらいに広げ、両手が肩の真下、両ひざが股関節の真下にくるようにします。おなかを引き締め、腰が反ったり丸まったりしないように、上体をまっすぐにします(骨盤がニュートラルの状態)。

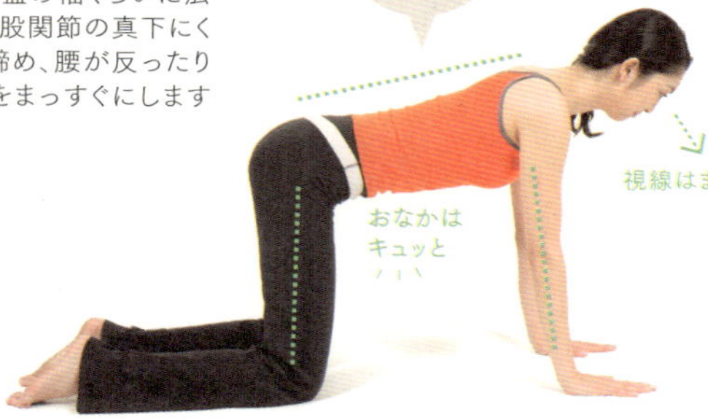
脚・腕は
余計な力
を抜いて
視線はまっすぐ床に
おなかは
キュッと

2 おなかに力を入れて、背中を押し上げる

息を吸って、吐きながら、あごを胸に、おへそをグッと背骨のほうへ引き上げるように背中を丸めます。

骨盤は
ニュートラルを
キープ
前のめりに
ならないように
注意して
息を吸って、
吐きながら
おなかを
引き上げる
ように
あごは
引いて

[ポーズ] まずは、正しいポーズを覚えることが大切。慣れてきたら、呼吸法と合わせて行いましょう。

image Point

Image1 **背中を丸めるときは、ボールが下から浮かんでくるイメージで**

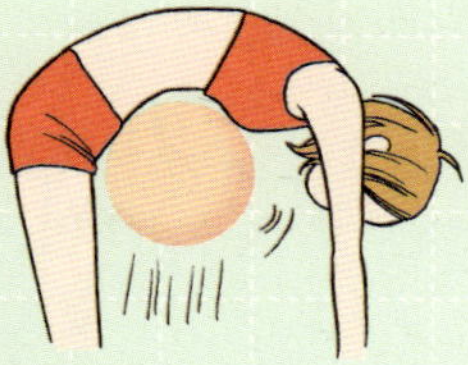

背中を丸めるときは、ボールが下から浮かんでくるイメージで。おへそをグッと引き上げて、限界までカラダを丸めましょう。このとき、腕に力が入って前のめりになりがちなので、両手足で均等にカラダを支えるように意識して。

Image2 **背中を反らすときは、猫が伸びをしている様子を思い描いて**

にょ〜

猫が気持ちよく伸びをするイメージで、背中をウンと反らせましょう。リフレッシュにもなります。

2、3を5セット

3 肩甲骨を寄せて、背中を反る

息を吸いながら、ゆっくりと首を伸ばし、尾てい骨と頭のてっぺんが天井を向くように背中を反ります。おへその奥の筋肉を意識しながら、左右の肩甲骨をグーンと寄せましょう。

左右の肩甲骨をグーンと寄せて
息を吸いながら
首を伸ばして前を見る
おへその奥の筋肉を意識しながら

[呼吸法] ピラティスは、鼻から息を吸い、口から息を吐く「胸式呼吸」が基本。おなかは常に引き締め、深く呼吸しましょう。

スーッとカラダを伸ばして、おしりのラインをキレイにする

テーブルバランス 脚だけバージョン

ココに効く! ＋全身のゆがみ矯正　＋おなか・おしりの引き締め　＋ヒップアップ

四つん這いになり、空中で骨盤をニュートラルの状態に保ちながら行います。腕を伸ばすときに上体がぐらついたり、腰が反らないように、背中を一直線に保つことがポイント。おなかとおしりの筋肉を使って、スーッと気持ちよくカラダを伸ばしましょう。

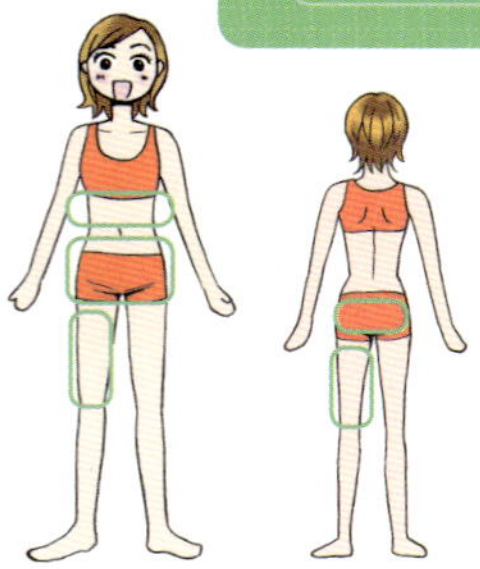

ココを意識して!
■骨盤　■筋肉のコルセット　■ヒップアップ筋
■ミニOK筋　■細めパンツOK筋

1 四つん這いになり、骨盤をニュートラルにする

四つん這いになり、両ひざは骨盤の幅ぐらいに広げ、両手が肩の真下、両ひざが股関節の真下にくるようにします。おなかを引き締め、腰が反ったり丸まったりしないように上体をまっすぐにし（骨盤がニュートラルの状態）、息を吸います。

脚・腕はラクに
息を吸う
視線はまっすぐ床に
おなかはキュッと

つま先を遠くに伸ばすイメージで
腰が反らないように
息を吐きながら
おなかはキュッと

2 右脚をまっすぐ伸ばし、肩からかかとを一直線にする

息を吐きながら、右脚をゆっくりと上げて伸ばします。おなかの奥の筋肉を引き締めて、肩からかかとまで一直線をキープ。上体がぐらつかないように3本の手足でしっかり支えましょう。

image Point

脚が遠くへ引っ張られているイメージ

このエクササイズは脚をより高く上げる必要はありません。「上げる」のではなく、「遠くへ引っ張られている」イメージです。遠くへ引っ張られる結果、頭のてっぺんからかかとまでを結ぶ線が一直線になる、と意識するとよいでしょう。

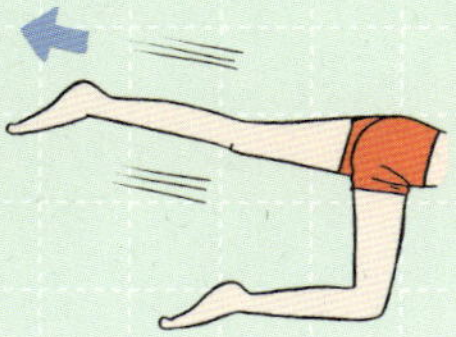

これを3セット

つま先を遠くに伸ばすイメージで
腰が反らないように
息を吐きながら
おなかはキュッと

4 左脚を伸ばす

息を吐きながら、左脚をゆっくりと上げて伸ばします。2と同様に、おなかの奥の筋肉を引き締めて、肩からかかとまで一直線をキープ。上体がぐらつかないように3本の手足でしっかり支えましょう。伸ばしたら、息を吸いながら1に戻ります。

息を吸いながら

3 1に戻る

息を吸いながら右脚を下ろし、1に戻ります。

Emi's Comment

骨盤の動きが気になる人は、
状態をチェックしながらトライを

脚を後ろに出すと、骨盤まで斜めに動かしがちに。おなかを意識しながら、骨盤は常にニュートラルをキープするようにしましょう。気になる人は、パートナーにチェックしてもらったり、自分で腰まわりをのぞきながら状態を確認してみて。

ひらいてるよ〜

全身のバランスを整え、おなか・おしりを引き締める

テーブルバランス 手と脚バージョン

ココに効く! ✦全身のゆがみ矯正 ✦おなかの引き締め ✦ヒップアップ ✦小尻

テーブルバランス 脚だけバージョンのレベルアップ版です。腕と脚を同時に伸ばすため、より高度なバランスが必要になります。上体がぐらついたり、腰が反らないように、背中を一直線に保つことがポイント。おなかとおしりの筋肉を集中的に使うので、より引き締まったウエストとヒップを手に入れることができます。

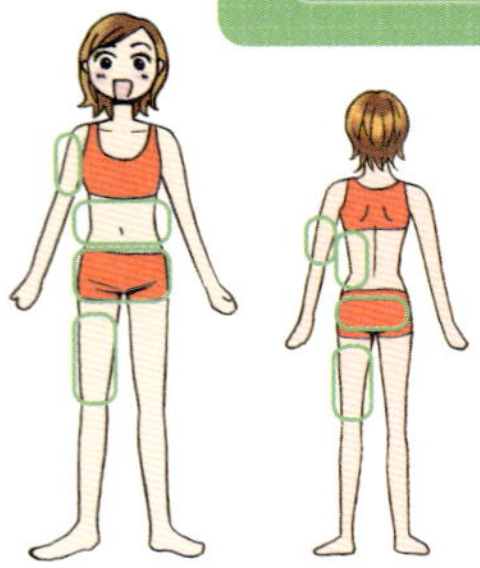

ココを意識して!

■骨盤 ■筋肉のコルセット ■振り袖筋〈オモテ&ウラ面〉
■ヒップアップ筋 ■バックスタイルOK筋
■ミニOK筋 ■細めパンツOK筋

1 四つん這いになり、骨盤をニュートラルにする

四つん這いになり、両ひざは骨盤の幅ぐらいに広げ、両手が肩の真下、両ひざが股関節の真下にくるようにします。おなかを引き締め、腰が反ったり丸まったりしないように上体をまっすぐにし(骨盤がニュートラルの状態)、息を吸います。

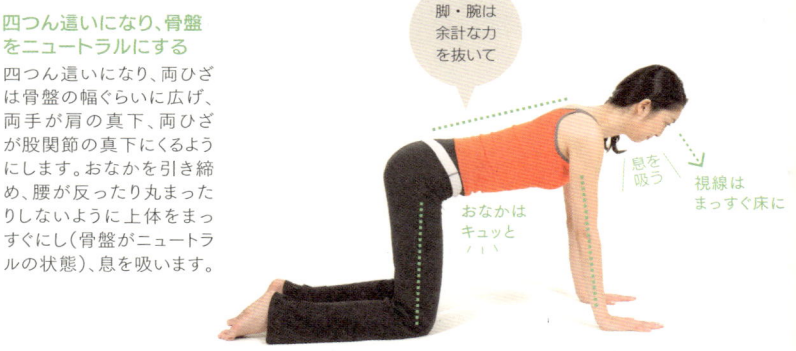

脚・腕は余計な力を抜いて
息を吸う
視線はまっすぐ床に
おなかはキュッと

2 左腕と右脚をまっすぐ伸ばし、肩からかかとを一直線にする

息を吐きながら、左腕と右脚をゆっくりと上げて伸ばします。おなかの奥の筋肉を引き締めて、肩からかかとまで一直線をキープ。上体がぐらつかないように2本の手足でしっかり支えましょう。

腰が反らないように
指先を遠くに伸ばすイメージで
つま先を遠くに伸ばすイメージで
息を吐きながら
おなかはキュッと

image Point

腕と脚が綱引きするイメージ

腕と脚が綱引きをするように、互いに遠くへ引っ張られている様子をイメージして。引っ張り合う結果、頭のてっぺんからかかとまでを結ぶ線がバランスよく一直線になる、と意識するとよいでしょう。

これを3セット

つま先を遠くに伸ばすイメージで
腰が反らないように
指先を遠くに伸ばすイメージで
息を吐きながら

4 右腕と左脚を伸ばす

息を吐きながら、反対側の右腕と左脚をゆっくりと上げて伸ばします。2と同様に、おなかの奥の筋肉を引き締めて、肩からかかとまで一直線をキープ。上体がぐらつかないように2本の手足でしっかり支えましょう。そして、息を吸いながらゆっくりと下ろし、1に戻ります。

息を吸いながら

3 1に戻る

息を吸いながら左腕と右脚をゆっくりと下ろし、1に戻ります。

Emi's Comment

骨盤の動きが気になる人は、パートナーに腰を固定してもらいながらトライを

脚を後ろに出すと、骨盤まで斜めに動かしがちに。おなかを意識しながら、骨盤は常にニュートラルをキープするようにしましょう。気になる人は、パートナーに腰を固定してもらいながらトライしたり、自分で腰まわりをのぞきながら状態を確認してみて。

［呼吸法］ピラティスは、鼻から息を吸い、口から息を吐く「胸式呼吸」が基本。おなかは常に引き締め、深く呼吸しましょう。

背面全体を鍛えて、美しいバックスタイルに

スイミング

ココに効く! ✦背中のラインをキレイにする
✦背面全体の引き締め

まるで泳いでいるかのように見える「スイミング」。テーブルバランス(P.58〜61)のうつぶせバージョンです。腕から背中、おしり、太もも、ふくらはぎ、と背面全体を鍛えるので、背筋がピンと通った美しいバックスタイルに。背中のあいたドレスも堂々と着こなせます!

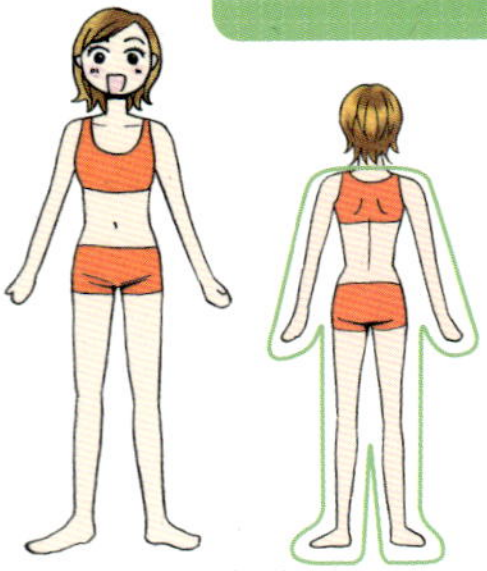

ココを意識して!
■カラダのウラ面全体

1 うつぶせに寝て、バンザイのポーズをする

うつぶせに寝て、脚は肩幅より少し広めに開き、顔を床から10cmほど浮かせてバンザイのポーズになります。

あごを引き、視線はまっすぐ床に
おなかはキュッと

image Point

Image1 アメンボがスイスイ水面を移動するイメージ

腕と脚は、上下にバタバタさせるのではなく、前へ進むようになめらかに動かしましょう。アメンボが水面をスイスイと移動する様子を思い描いて。

Image2 腕を伸ばすときは、遠くにあるボタンを押す感覚で

腕は、遠くへ伸ばすように動かしましょう。指先から10cmほど先にボタンがあり、そのボタンを押そうと腕を伸ばすイメージです。

ぐぐっ

Emi's Comment

動きが難しい場合は、腕だけ上げるor脚だけ上げる練習をしてみて！

動きが難しい場合は、まずは腕だけ上げるバージョン、脚だけ上げるバージョンをそれぞれ練習しましょう。慣れてきたら、両方上げるバージョンにトライして。

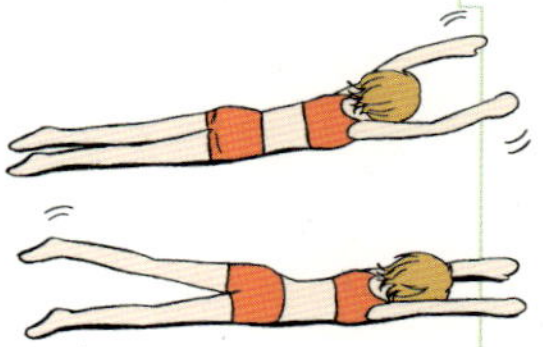

2 左腕と右脚をゆっくり上げる

息を吸いながら、左腕と右脚をゆっくり上げます。指先とつま先が対角線に引っ張り合うように、できるだけ遠くに伸ばします。

肩甲骨が上がりすぎないように
指先とつま先が対角線に引っ張り合うように
息を吸いながら
おなかはキュッと

3 1に戻る

息を吐きながら、左腕と右脚をゆっくりと下ろして1に戻ります。

息を吐きながら

4 右腕と左脚をゆっくり上げる

息を吸いながら、2と同様に右腕と左脚を上げます。そして、息を吐きながら1に戻ります。

指先とつま先が対角線に引っ張り合うように
息を吸いながら
手脚は床から浮かせたまま
おなかはキュッと

これを5セット

 ［呼吸法］ピラティスは、鼻から息を吸い、口から息を吐く「胸式呼吸」が基本。おなかは常に引き締め、深く呼吸しましょう。

Basic ❀ Pilates

13

全身をほぐしてリラックス

キャットストレッチ

ココに効く! ✦上半身のストレッチ

エクササイズの最後にカラダをほぐしたり、
途中でひと休みとして取り入れたいポーズです。
特に、2のポーズはシェルストレッチ（貝殻のポーズ）
とも呼ばれ、カラダを伸ばして深い呼吸をすることで
全身のバランスを整えます。寝る前に行うのもオススメ。
一日の体のゆがみをとるのに役立ちます。

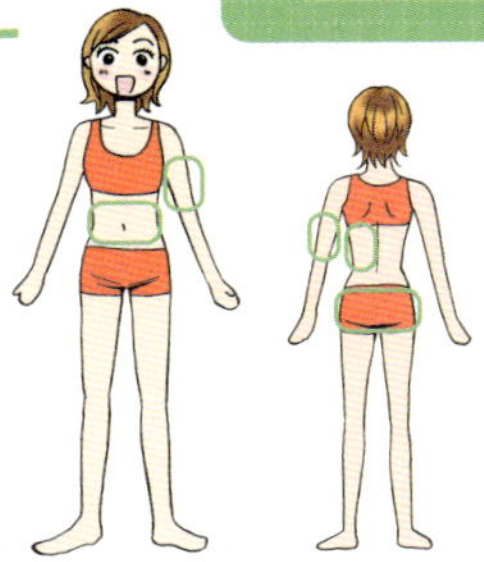

ココを意識して!

■筋肉のコルセット ■振り袖筋〈オモテ&ウラ面〉
■バックスタイルOK筋 ■ヒップアップ筋

おしりは天井に向けて
背中から腕まで
グーンとのばして
息を吸う
おなかはキュッと

1 四つん這いになり、腕を伸ばして上体を前に倒す

四つん這いになり、両ひざは骨盤の幅ぐらいに広げ、両手が肩の真下、両ひざが股関節の真下にくるようにします。背中から腕までグーンと伸ばして上体を前に倒し、おしりは天井に向け、息を吸います。

息を
吐きながら

2 かかとの上におしりをのせる

息を吐きながら、かかとの上に座骨がのるように座ります。

image Point

Image1 猫があくびをしているイメージで

上体を倒しているときは、まるで猫があくびをしているかのように、背中から腕まで気持ちよく伸ばしましょう。上半身のコリがほぐれます。

Image2 背骨は1個ずつ順番に伸ばしていく

起き上がるときは、パッと勢いで上体を起こすのではなく、背骨を1個ずつ座骨から順に伸ばしていくようにしましょう。両手で座骨をつかんで背骨を1個ずつ下へ引っ張って立ち上げていくイメージです。

> 背骨を1個ずつ起こしていくイメージで

4 ゆっくり上体を起こす

息を吐きながら、座骨から1個ずつ背骨を立てていくようにゆっくりと上体を起こしていき、最後に、首、頭を上げます。

> 額やあごをつけてもOK

3 腕を下ろす

そのまま息を吐きながら、腕を下ろし、手のひらは天井に向けます。そして、背中や腰に空気をたくさん送り込むように、深く息を吸い込みます。

 ［呼吸法］ピラティスは、鼻から息を吸い、口から息を吐く「胸式呼吸」が基本。おなかは常に引き締め、深く呼吸しましょう。

賢いオンナはどこでもレッスン!

毎日気軽にできる、ちょこっとピラティス

日常生活のちょっとしたすき間に、
ピラティスを行うチャンスがたくさんつまっています。
すき間の時間を有効に使って、美人道を邁進《まいしん》しましょう。
「チリも積もれば山となる」。1カ月後の効果も変わってくるハズ!

〈朝〉ベッドの上で

深い深呼吸と気持ちよい伸びでスッキリお目覚め

ブリージング+アームサークル

❶あおむけで両ひざを立てます。ひざとひざの間、あごから下はオレンジ1個分のすき間をあけ、骨盤をニュートラル(P.44)にして息を吸います。

❷息を吐きながら、両腕をバンザイのポーズまでゆっくりと上げます。

❸いったん息を吸い、吐きながら1に戻ります。

〈昼〉デスクでイスに座って

カラダのコアを引き締めて、集中力UP!

アブニードル

❶イスに座ったまま背すじを伸ばし、ひざとひざをくっつけて息を吸います。

❷息を吐きながら脚を上げ、5呼吸キープ。

❸息を吸って、吐きながら脚を下ろします。

〈夜〉おふろで

バスタブの浮力を利用してウエストくびれに

ヒップロール　座りバージョン

❶両手でバスタブのへりをつかみます。

❷背すじを伸ばし、左右のひざをくっつけて軽く曲げます。

❸そのままバスタブにつけるように、左右に両ひざを動かします。

STEP2

部位別ピラティス

Special Pilates

気になるところを集中的に引き締めるピラティスです。
おなか、おしり、太ももなど、
部位別に心地よく引き締める
エッセンスを16個紹介しています。
ピラティスの効果を十分に体感してくださいね。

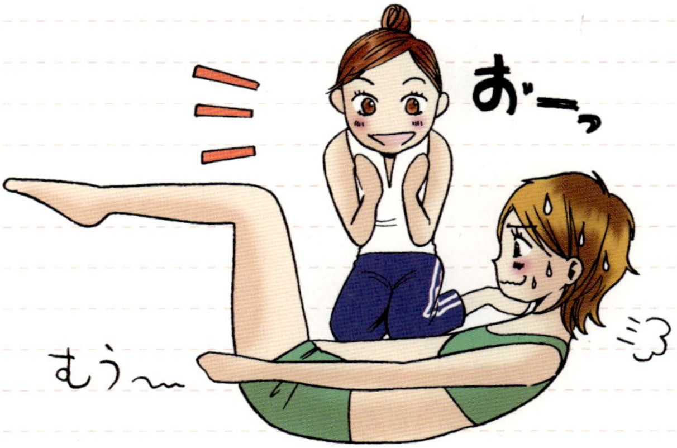

バストの下から下腹部へ向かうVのラインを美しく

Cカーブ

ココに効く！ ✦おなかの引き締め ✦背骨のゆがみ矯正

上半身を丸めてアルファベットのCを描く「Cカーブ」。腹筋を集中して鍛えるにはオススメのエクササイズです。おへそを引き上げるつもりで、ゆっくりとカラダを倒すのがポイント。肋骨から恥骨に向かって走る腹直筋を鍛え、バストの下から下腹部へ向かうVのラインを美しく整えます。これならビキニだって怖くない！

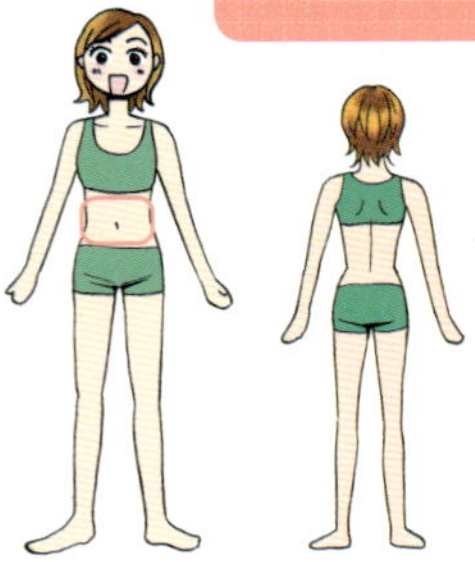

ココを意識して！
■筋肉のコルセット（特にビキニOK筋）

1 両ひざを立てて座る

両ひざを立てて座り、手はひざに置いて背すじをまっすぐにします。

おなかはキュッと
背すじはまっすぐに

息を吸って、吐きながら
肩に力が入らないように
おへそを引き上げるつもりで
足首はまっすぐ。足の裏は床につけて

2 腰を丸めて上体を倒していく

息を吸って、吐きながら、腰を丸めるように上体を後ろへ倒していきます。背骨を座骨から1個ずつ倒していくイメージで、ゆっくりと。

［ポーズ］まずは、正しいポーズを覚えることが大切。慣れてきたら、呼吸法と合わせて行いましょう。

image Point

Image1 **おなかの上でバランスボールを抱えるように**

カラダを丸めるときは、おなかにバランスボールを抱えるようにイメージしましょう。カラダがアルファベットのＣの字を描くように丸めることができます。

ふわっ

Image2 **自転車のチェーンがカタカタと動くイメージで**

背骨の動きがわかりにくいときは、自転車のチェーンを思い浮かべてみて。1本のチェーンの端を持って上げたり下げたりするとき、チェーンの1個1個がカタカタと持ち上がり、下りていきますね。それと同様に、背中を下げるときは、頭部から1個目、2個目、3個目……、上げるときは座骨から1個目、2個目、3個目……と、順に動いていくイメージです。

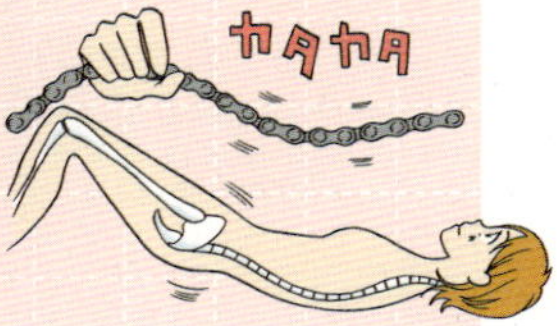
カタカタ

これを5セット

3 上半身でCを描き、ゆっくりと上体を倒す

そのまま息を吐きながら、さらに上体を丸め、おへそをのぞきこむようにします。上半身でアルファベットのCの字を描くイメージをするとよいでしょう。十分に背中を倒したら、この状態を少しキープ。息を吸って、吐きながら1に戻ります。

そのまま息を吐きながら
あごを突き出さないように
おへそをのぞきこむように
アルファベットのCの字を描くように

レベルアップ

Cカーブの応用編です。おもに下腹部を集中的に引き締めたい人に！

腕を前へ習えの状態でCカーブ

腕を前へ習えの状態にします。息を吐きながら上体を後ろに倒し、腕は横に開いていきます。手のひらをかえし、いったん息を吸って、吐きながら上体を起こします。

これを5セット

上体をゆっくり倒して….
ゆっくり起こす

 ［呼吸法］ピラティスは、鼻から息を吸い、口から息を吐く「胸式呼吸」が基本。おなかは常に引き締め、深く呼吸しましょう。

おなかを引き締め、脚全体をしなやかに

シングルレッグストレッチ

ココに効く! ✦おなかの引き締め ✦便秘改善 ✦美脚

おなかを引き締め、脚全体をしなやかにする
下半身集中エクササイズです。
脚を動かすときは、骨盤が左右に傾きがちなので
注意すること。バランスのよい、スラリとした脚を
手に入れましょう。ミニスカートを着こなす自分を目指して!

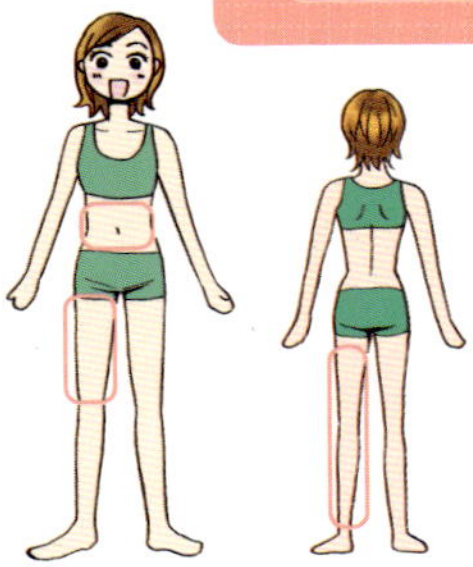

ココを意識して!
■筋肉のコルセット ■ミニOK筋
■細めパンツOK筋 ■ミュールOK筋

1 あおむけになり、両脚を上げる

あおむけで両ひざを立てます。ひざとひざの間、あごの下はオレンジ1個分あけ、骨盤をニュートラル(P.44)にします。太ももとふくらはぎが90度になるように脚を上げ、息を吸います。

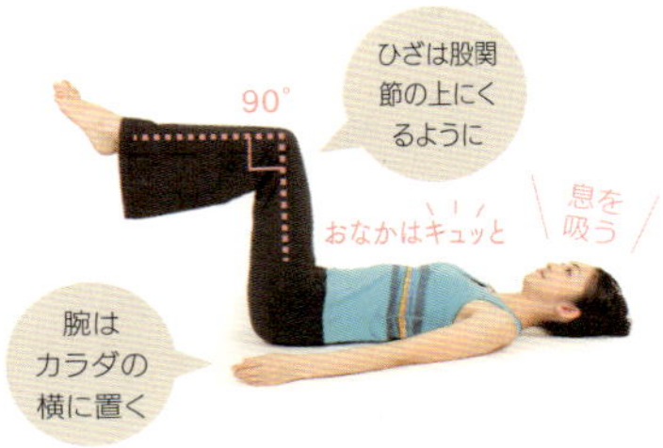
90°
ひざは股関節の上にくるように
おなかはキュッと
息を吸う
腕はカラダの横に置く

息を吐きながら
左右の腰骨が動かないように
肩に力が入らないように

2 左脚を下ろす

息を吐きながら、左脚を床から5〜10cmの所までゆっくり下ろします。左右の腰骨が動かないように、腹筋を使って、おへそを常にグッと引き上げるように行いましょう。慣れてきたら、下ろした脚をより床に近づけて。

Emi's Comment

まずは両手で左右の腰骨を押さえながらトライ!

脚を動かすときは無意識に腰骨を動かしてしまいがち。これでは、骨盤はニュートラルをキープできません。まずは、両手で左右の腰骨を押さえながらトライして。腰骨がどれくらい動いているのかチェックできます。

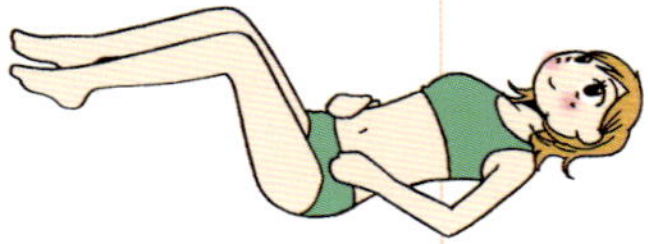

image Point

かかとでボタンを軽く押すように

脚を下ろすときは、かかとでボタンをチョンと軽く押すイメージで行いましょう。勢いをつけて脚の力だけで動かさないこと。腹筋をしっかりと使って、ゆっくりと脚を上下することがコツです。

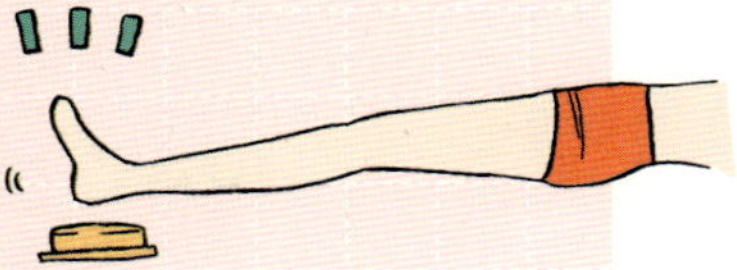

これを10セット

息を吐きながら

4 右脚を下ろす

息を吐きながら、2と同様に右脚を床から5〜10cmの所までゆっくり下ろします。そして、息を吸いながら1に戻ります。

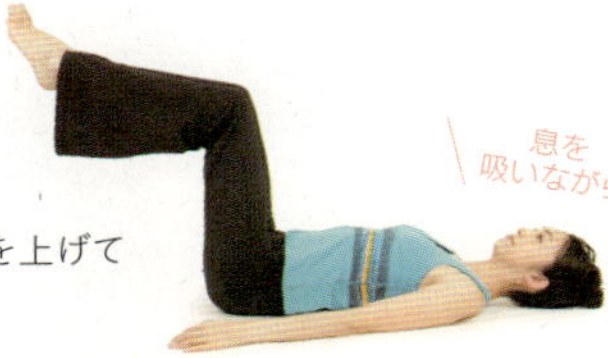

息を吸いながら

3 1に戻る

息を吸いながら、左脚を上げてゆっくりと1に戻ります。

レベルアップ

シングルレッグストレッチの応用編です。おなかを集中的に引き締めたい人に！

上体を起こしたまま
シングルレッグストレッチ！

あおむけになり、骨盤をニュートラルにします。太ももとふくらはぎが90度になるように両脚を上げ、肩甲骨が床から離れるぐらいまで上体を起こします。この体勢でいったん息を吸って、吐きながら、左脚を床から5〜10cmの所まで下ろします。そして、息を吸いながら元に戻し、息を吐きながら、今度は右脚を下ろします。

左右交互に
3セットずつ

［呼吸法］ピラティスは、鼻から息を吸い、口から息を吐く「胸式呼吸」が基本。おなかは常に引き締め、深く呼吸しましょう。

ぽっこり出た下腹部を集中的にシェイプアップ!

ニーライズ

ココに効く! ✦下腹部の引き締め

腹筋全体が鍛えられ、特に下腹部の
引き締め効果絶大のエクササイズです。
疲れてくると腰や背中が反ってしまいがちになるので、
しっかりカラダを床に押しつけて、
骨盤をニュートラルの状態にキープしましょう。

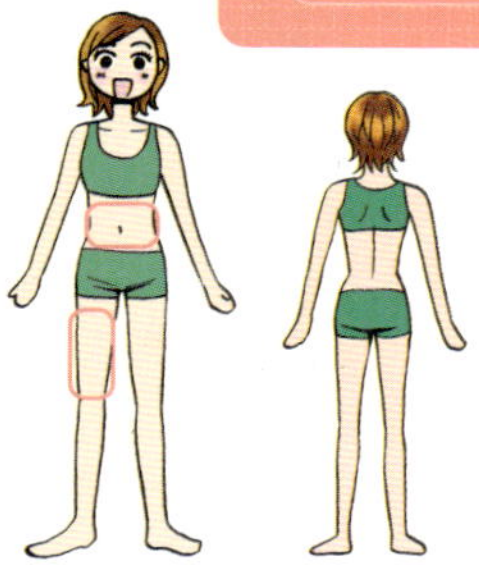

ココを意識して!
■筋肉のコルセット　■ミニOK筋

ひざは股関節の
上にくるように
90°
おなかはキュッと
息を
吸う
腕はカラダの
横に置く

1 あおむけになり、両脚を上げる

あおむけで両ひざを立てます。ひざとひざの間、あごの下はオレンジ1個分あけ、骨盤をニュートラル(P.44)にします。両ひざをそろえて太ももとふくらはぎが90度になるように脚を上げ、息を吸います。

image Point

網を海に投げ入れて、引き上げるイメージ

網漁を思い浮かべましょう。網を海に投げ入れ、おなかの奥からその網を引き上げるように、両脚を上下に動かします。つま先はやさしく床をチョンと触るように。ポイントは、勢いにまかせて脚の力だけで動かさないこと。おなかの筋肉を使って、ゆっくり動かしましょう。

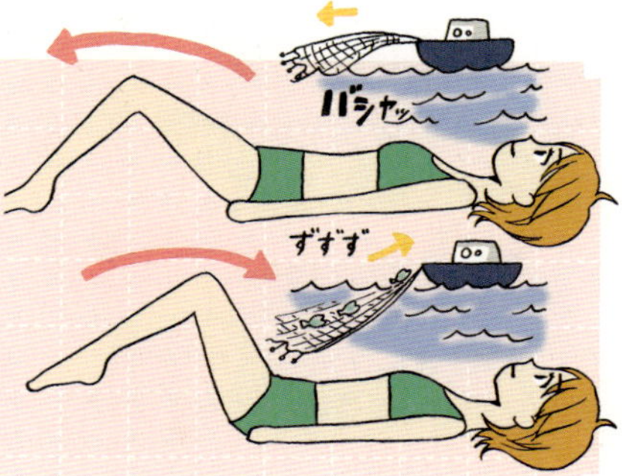

Emi's Comment

腰が痛くなる人は無理をしないで

脚を上下するときに腰が痛くなる人は、無理をしないで、できる範囲で行いましょう。たとえば、脚は床とひざの中間まで下ろしても OK です。

これを5セット

2 ひざを曲げたまま、ゆっくりと脚を下ろす

息を吐きながら、ひざを曲げたままゆっくりと脚を下ろします。つま先（もしくはかかと）が床についたら、息を吸いながらゆっくりと元に戻ります。腰や背中が反らないように、下腹部にグッと力を入れて、ニュートラルな状態をキープしましょう。

［呼吸法］ピラティスは、鼻から息を吸い、口から息を吐く「胸式呼吸」が基本。おなかは常に引き締め、深く呼吸しましょう。

わきの贅肉を引き締めてウエストラインをよみがえらせる

スパインツイスト

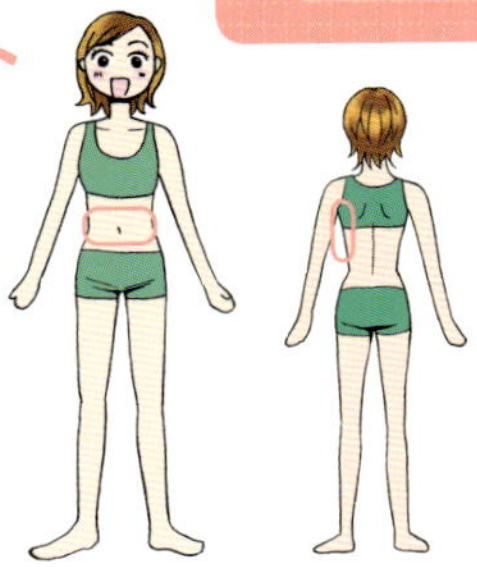

ココを意識して!
- 筋肉のコルセット
- バックスタイルOK筋

ココに効く! ✦わき腹の引き締め

背骨(スパイン)を軸にカラダをひねることで、
わき腹をほっそり引き締めるエクササイズ。
上体が天井に引っ張られているようなイメージで
姿勢を正し、ゆっくりと行うのがコツです。
ひねるときは、腰から下が上半身と一緒に
ついていかないように注意して。
あこがれのくびれ美人を目指しましょう!

頭は上に引っ張られているイメージで
息を吸う
おなかはキュッと
背すじはまっすぐに

1 脚を伸ばして座り、両腕を重ねる

肩幅より少し広めに脚を伸ばし、座骨を立てて座ります。両腕を胸の前で平行に重ね(左右どちらが上でもよい)、おへそを引き上げるようにして背すじを伸ばし、息を吸います。

2 頭と上体を左にひねる

息を吐きながら、頭と上体をゆっくりと左にひねります。肩の力を抜き、腰から下は動かさないように。タオルを絞るようにおなかからひねりましょう。

息を吐きながら
肩の力を抜いて
腰から下は動かさないように

Emi's Comment

タオルを持ってトライしてもOK!

カラダをひねるときに上体がふらついてしまう場合は、タオルを持ちながら行ってもOK。バランスがとりやすくなります。

シーンに応じて、立ちバージョンも

仕事や家事の合間にパッとできる、立ちバージョンのスパインツイストです。まず、足を肩幅に開いて姿勢を正し、骨盤はニュートラル(P.44)をキープして、両腕を水平方向に伸ばします。そして、息を吐きながら上体をひねり、息を吸いながら元に戻ります。腰から下は動かさずに、わき腹に意識を集中して行いましょう。

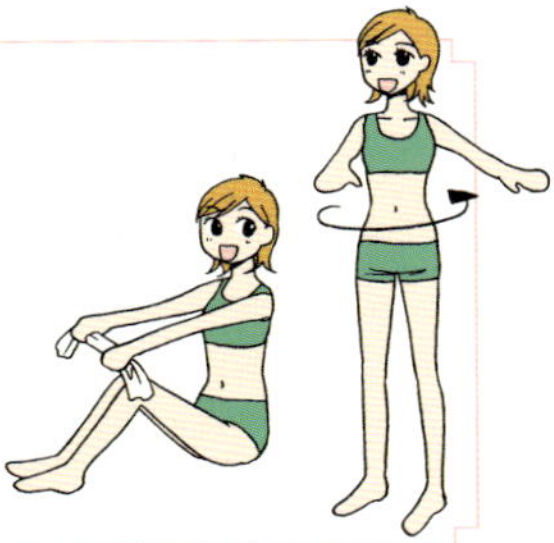

image Point

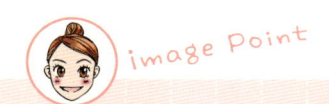

**人形になった気分で、
顔と上体を一緒に動かして**

人形のように、上半身が上に引っ張られている様子をイメージしましょう。頭とカラダが先行することなく、背骨の動きに自然についていくように動かして。

3 1に戻る

息を吸いながら、ゆっくりと1に戻ります。

4 頭と上体を右にひねる

息を吐きながら、今度は頭と上体を2と同様にゆっくりと右にひねります。そして、息を吸いながらゆっくりと1に戻ります。

肩の力を抜いて

腰から下は動かさないように

これを3セット

簡単バージョン

股関節が固い人は、脚を伸ばして姿勢よく座ることがツラい場合も。
そのときは、脚を曲げた状態でトライしてみて。

**ひざを曲げた状態で
スパインツイスト!**

軽くひざを曲げ、座骨を立てて座ります。両腕を胸の前で床と平行になるように重ね、息を吐きながら頭と上体を一緒に左にひねります。そして、息を吸いながら元に戻り、今度は右にひねります。いずれも、腰から下は動かさないように注意して。

これを3セット

［呼吸法］ピラティスは、鼻から息を吸い、口から息を吐く「胸式呼吸」が基本。おなかは常に引き締め、深く呼吸しましょう。

わき腹、下腹部を強力シェイプアップ!

Cカーブツイスト

ココに効く! ✦わき腹・下腹部の引き締め

おなかを引き締める「Cカーブ」(P.68)にひねりを
加えた運動です。見た目よりキツいエクササイズですが、
短期間で効果が出やすく、
わき腹、下腹部の脂肪を燃焼!
つまめる贅肉を一気に落としてしまいましょう!
ひねるときは、肩に力が入りすぎないように注意して。

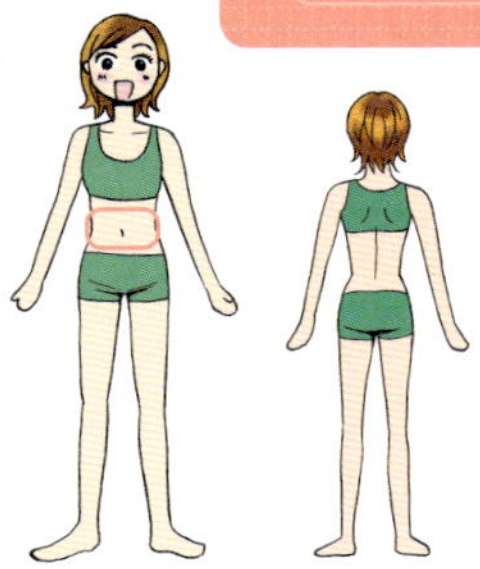

ココを意識して!

■筋肉のコルセット(特にウエストくびれ筋)

1 立てひざで座り、両腕を重ねる

立てひざで座り、座骨を立てます。両腕を胸の前で平行に重ね(左右どちらが上でもよい)、おへそを引き上げるようにして背すじを伸ばして息を吸います。

息を吸う
おなかはキュッと
背すじはまっすぐに

2 Cの字を描くように腰を丸める

息を吐きながら、上半身でアルファベットのCの字を描くように腰を丸め、いったん息を吸います。

息を吐きながら
足首はまっすぐ、足の裏は床につけて
おへそを引き上げるつもりで
肩に力が入らないように
アルファベットのCの字を描くように

image Point

斜め下にエルボー!
わき腹の贅肉をひねりつぶす!

斜め下に向かってエルボーするようにひねっていきましょう。このとき、わき腹のお肉をギュッとひねりつぶすイメージで。腰から下が動くと効果が半減してしまうので、しっかり固定して。

3 腰をひねりながら左斜め後ろに倒れる

息を吐きながら、腰を左方向にひねるように左斜め後ろへゆっくりと倒れます。

4 2に戻る

十分にひねったら、息を吸いながらゆっくりと2に戻ります。

5 腰をひねりながら右斜め後ろに倒れる

今度は、息を吐きながら、腰を右方向にひねって右斜め後ろに倒れます。ひねりきったら、息を吸いながら2に戻ります。

これを2セット

レベルアップ

Cカーブツイストができる人は、脚を伸ばした状態でトライ!

脚を伸ばしてCカーブツイスト!

脚を伸ばして座り、座骨を立てます。両腕を胸の前で平行に重ね、息を吐きながら腰を丸めます。そのまま息を吐きながら、腰を左方向へひねるように左斜め後ろへゆっくりと倒れます。十分にひねったら、息を吸いながら元に戻ります。反対側も同様に。

これを2セット

Special Pilates
06

わき腹を鍛えて、くびれ美人に!

オブリクス

ココに効く! ✦わき腹の引き締め ✦背骨のゆがみ矯正

上体を斜めに起こすエクササイズです。
わき腹の斜めの筋肉を鍛えて、余分な脂肪を
そぎ落とします。なるべく高く起き上がろうとして
手の力を使いがちですが、これでは効果半減。
しっかり、わきの筋肉を使って、
できる範囲で起き上がるようにしましょう。

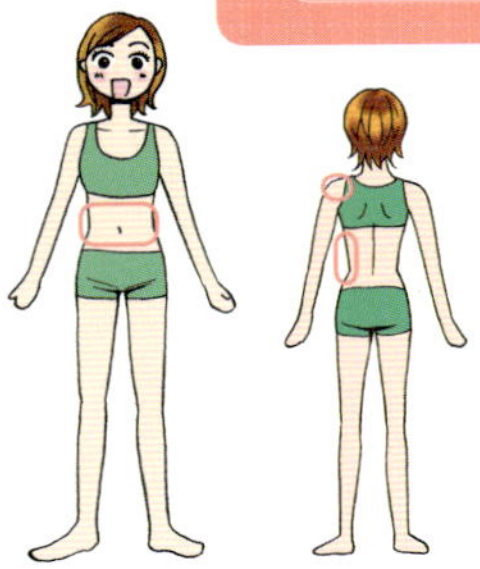

ココを意識して!
■筋肉のコルセット(特にウエストくびれ筋)
■バックスタイルOK筋 ■フェロモンUP筋

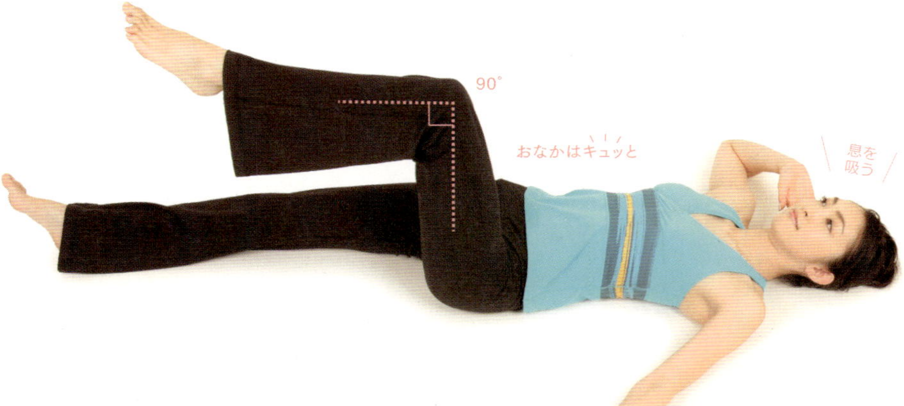

1 あおむけに寝て左脚を上げる

あおむけに寝ます。左腕は水平方向に伸ばし、右
手は耳の後ろに添えます。左脚は太ももとふくら
はぎが90度になるように上げ、息を吸います。

image Point

上半身を対角線上に折りたたむように

折り紙をイメージしましょう。肩から反対側の脚のつけ根まで折り目があり、その折り目に沿って、カラダをたたみ込むようにします。ただし、勢いをつけて腕の力で頭を持ち上げるのはNG！　あくまでも、わき腹の筋肉を使うように意識しながらトライして。

ぐぐっと…

2、3を左右それぞれ連続3回。余裕があれば連続4回！

タッチ
息を吸いながら

3 ひざにひじをタッチ

上体を十分起こしたら、左ひざを右ひじにタッチ。息を吸いながらゆっくりと1に戻ります。反対側も同様に。

わき腹をしっかり意識して
息を吐きながら
腕を伸ばしているほうの肩は浮かないように

2 斜め前方に向かって上体を起こす

息を吐きながら、左斜め前方に向かって上体を起こします。右ひじが左ひざに向かっていくように、わき腹をグッと引き締めましょう。

［呼吸法］ピラティスは、鼻から息を吸い、口から息を吐く「胸式呼吸」が基本。おなかは常に引き締め、深く呼吸しましょう。

たるんだおしりをキュッと引き上げる！

ヒップスクイーズ

ココに効く！ ✦おしり・太もも・足首の引き締め
✦ヒップアップ

おしりの筋肉を鍛えるエクササイズです。
特に、おしりの下側の筋肉は、日常生活でも
あまり使わないので、余分な脂肪がつきやすくなります。
おしりの贅肉が垂れて、ジーンズに太い横線が
入っていませんか？　しっかり鍛えて、
上向きのぷりっとした桃尻をゲットしましょう。
しかも、脚が長く見えるようになるオマケつき！

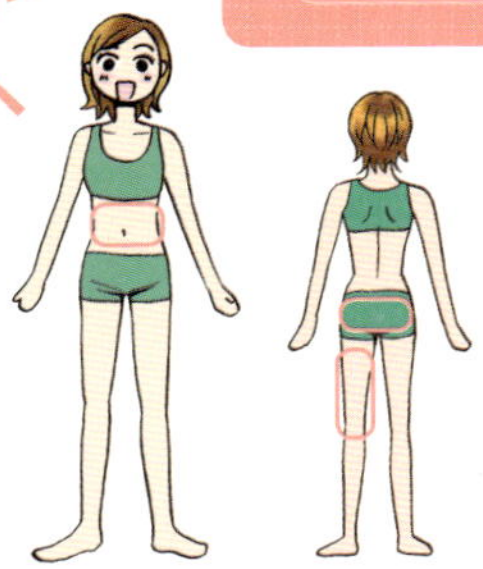

ココを意識して！
■筋肉のコルセット　■ヒップアップ筋
■細めパンツOK筋

1 うつぶせになり、かかとをくっつける

うつぶせに寝て、両手を重ねて（左右どちらが上でもよい）あごをのせます。両脚を開いてひざを曲げ、左右のかかとをくっつけて息を吸います。

CHECK!

誰かが引っ張ってもとれないぐらい、かかとをギュッと押しつけ合って。左右のおしりをくっつけるようにキュッと引き締めるのがコツです。

image Point

脚をクレーンで吊り上げるように

脚は、クレーンで吊り上げるように、床から垂直にゆっくりと上げましょう。おしりの下のほうの筋肉を使うので、トップの位置を引き上げる効果が期待できます。脚の勢いだけで上下させないように注意して。

これを5セット

2 脚を上げる

息を吐きながら、かかとを押しつけ合うようにしてゆっくり脚を上げます。そして、息を吸いながら、ゆっくりと下ろします。

［呼吸法］ピラティスは、鼻から息を吸い、口から息を吐く「胸式呼吸」が基本。おなかは常に引き締め、深く呼吸しましょう。

Special Pilates

08

おしりと太ももの境目をつくる

フラッターキック

ココに効く! ✦おしりの引き締め ✦美脚

美しいヒップラインを手に入れるためには、
おしりと太ももの境目をくっきりとつくるのがポイント。
エクササイズでは、脚のつけ根から前後に動かし、
おしりの下の筋肉を鍛えるので、
自然に境目ができ、ヒップの位置を上げる効果があります。
メリハリのあるヒップで、細身のパンツを
美しく着こなしましょう!

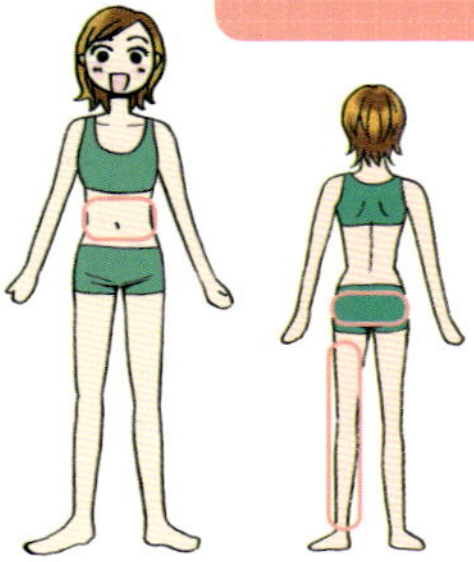

ココを意識して!

■筋肉のコルセット ■ヒップアップ筋
■細めパンツOK筋 ■ミュールOK筋

1 うつぶせになる

うつぶせになり、両手を重ねて(左右どちらが上でもよい)あごをのせ、脚を肩幅に広げます。

CHECK!

腰が痛い人は、脚を浮かさない状態で次のステップへ。
腰への負担が軽減します。

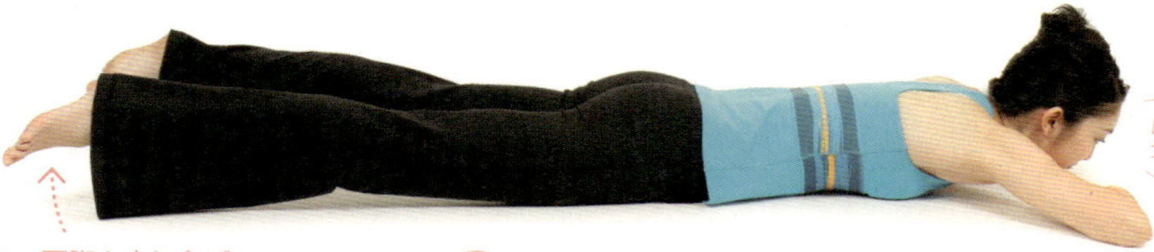

2 両脚を少し上げる

おへそを引き上げて両脚を3〜5cm上げ、息を吸います。

Emi's Comment

恥骨や腰骨が痛い人はタオルを敷いて

恥骨や腰骨が床に当たって痛い人は、タオルを敷いてから行うとグッド。様子を見ながら、1枚ずつ重ねていって。

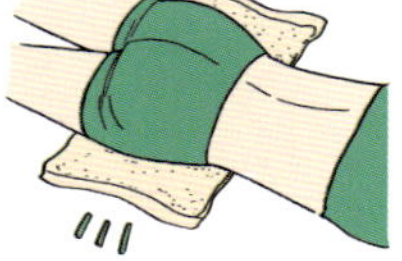

[ポーズ] まずは、正しいポーズを覚えることが大切。慣れてきたら、呼吸法と合わせて行いましょう。

image Point

バタ足で優雅に泳ぐイメージ

脚を上下に動かすときは、バタ足でゆっくり優雅に泳ぐイメージで行いましょう。ひざは曲げないように、つま先で美しく上下のラインを描くように意識して。

2〜4を5セット

脚のつけ根から、遠くに伸ばすように

ひざは曲げない

息を吐きながら

5 左脚を上げる

息を吐きながら、左脚を遠くに伸ばすようにゆっくりと上げます。ひざを曲げないように注意して。

息を吸いながら

4 2に戻る

息を吸いながら、右脚をゆっくりと下げて2に戻ります。

これはNG!

脚を高く上げようとすると、あごを突き出してシャチホコのようになりがち。あごを引き、脚は遠くへ引っ張るイメージで行いましょう。

脚のつけ根から、遠くに伸ばすように

ひざは曲げない

息を吐きながら

3 右脚を上げる

息を吐きながら、右脚を遠くに伸ばすようにゆっくりと上げます。ひざを曲げないように注意して。

 [呼吸法] ピラティスは、鼻から息を吸い、口から息を吐く「胸式呼吸」が基本。おなかは常に引き締め、深く呼吸しましょう。

脂肪がつきやすい内ももを鍛えてほっそりと

ニーベンド

ココに効く！ ✦太ももの引き締め

太もも全体に負荷をかけ、おもに前と内ももを鍛える
エクササイズです。イスに座るイメージで、
しっかり腰を沈めましょう。腰が突き出たり背すじが
前のめりになったりしないように、骨盤はまっすぐ
下ろしてニュートラルをキープ。
シャープなレッグラインをゲットしましょう！

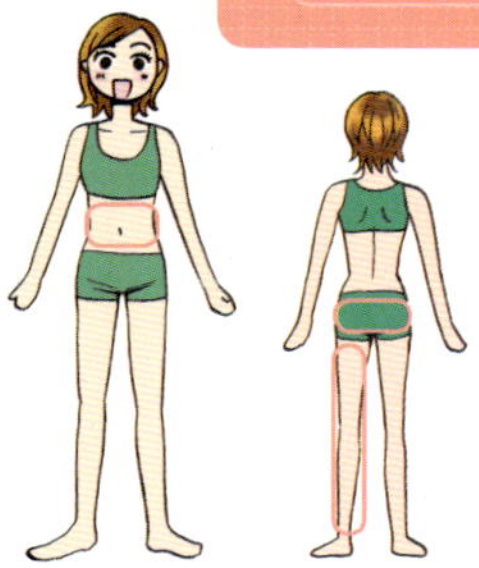

ココを意識して！

- 筋肉のコルセット
- ヒップアップ筋
- 細めパンツOK筋
- ミュールOK筋

1 足を広めに開いて立ち、骨盤をニュートラルにする

足を広め（約1m）に開き、つま先は斜め前に向けて立ちます。重心は、かかとやつま先に寄らないように、しっかりと真ん中に置きます。おなかとおしりはキュッと締め、骨盤と床を垂直にします（骨盤がニュートラルの状態）。

頭は上に引っ張られているイメージで
おなか、おしりはキュッと
重心は真ん中に
足は広め（約1m）に開く

image Point

イスに座るように、深く腰を下ろすこと

腰を下ろすときは、イスに座るイメージでしっかりと沈めましょう。キツくなると腰が浮きそうになりますが、ココが踏ん張りどころです！　途中で呼吸は止めないように注意して。

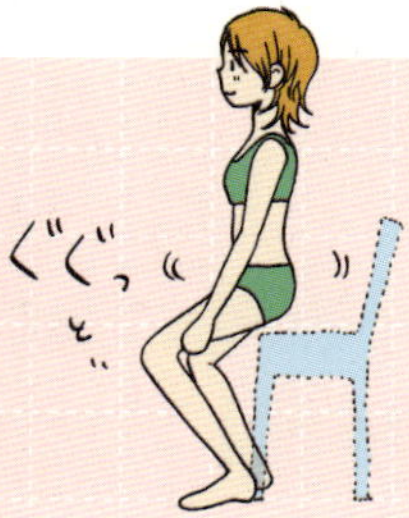
ぐぐっと

CHECK!

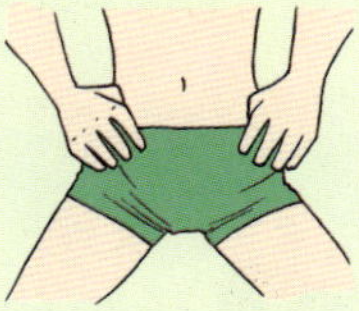

最初は手で左右の腰骨を押さえながらトライしてみましょう。骨盤が動いているかどうかチェックできます。

これを3セット

1、2、3、4、5
息を吸って、吐きながら
太ももの筋肉を意識して
まっすぐ下ろす

2 腰を下ろす

息を吸って、吐きながらゆっくりと腰を下ろします。腰が突き出たり背すじが前のめりになったりしないように、骨盤はニュートラルをキープしましょう。そのまま自然呼吸で5秒キープしたら、息を吸って、吐きながらゆっくりと上がります。

※ひざが痛い人は、無理をしないで少しだけ曲げるようにしましょう。

股関節をしなやかにして、太ももをバランスよく引き締める

レッグサークル

ココに効く!
✦股関節をしなやかにする
✦おなか・太ももの引き締め

脚をつけ根（股関節）から大きく円を描くようにまわします。ウエストから、ヒップ、太ももにかけてのラインがスッキリ。脚の動きがスムーズになり、キレイに歩けるようになります。特に、デスクワークなどで座りっぱなしの人は、股関節がガチガチに固まっている可能性大！エクササイズでしっかりほぐしましょう。

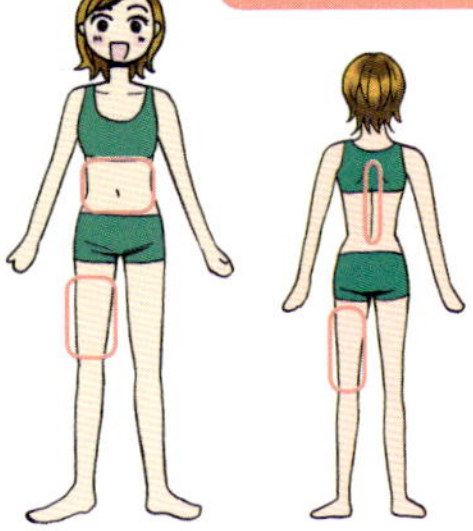

ココを意識して!

■筋肉のコルセット ■姿勢美人筋
■ミニOK筋 ■細めパンツOK筋

90°
おなかはキュッと

1 あおむけに寝て右脚を上げる

あおむけに寝て骨盤をニュートラル（P.44）にし、右脚を上げてひざを90度に曲げます。

CHECK!

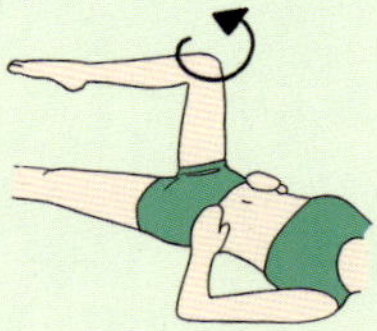

最初は手で左右の腰骨を押さえながらトライしてみましょう。腰が動いているかどうかチェックできます。

大きく円を描くように
骨盤は動かさない
呼吸は自然に

2 右脚を左右交互にまわす

そのまま右脚で大きく円を描いていきます。腰は浮かないように、常に骨盤はニュートラルをキープしましょう。左脚も同様に。

**左右それぞれ
時計まわりに5回、
反時計まわりに5回まわす**

image Point

空中の画用紙に大きく円を描くイメージで

脚のつけ根（股関節）を軸に、脚全体を1本のペンに見立てて、空中の画用紙に大きく円を描くイメージでまわしましょう。また、股関節をソケットに見立て、そのソケットの中で脚がくるくるまわっているイメージでもいいですね。脚を根元からリラックスさせることができます。

レベルアップ

股関節が柔らかい人は脚を伸ばした状態でトライ!

1 あおむけに寝て右脚を上げる

あおむけに寝て骨盤をニュートラル（P.44）にし、右脚を90度くらいまで上げます。

大きく円を描くように

2 右脚を左右交互にまわす

そのまま右脚で大きく円を描いていきます。腰は浮かないように、常に骨盤はニュートラルをキープしましょう。左脚も同様に。

骨盤は動かさない

呼吸は自然に

左右それぞれ時計まわりに5回、反時計まわりに5回まわす

 ［呼吸法］ピラティスは、鼻から息を吸い、口から息を吐く「胸式呼吸」が基本。おなかは常に引き締め、深く呼吸しましょう。

Special Pilates 11

振り袖のようなプルプル二の腕をスッキリ!

アームプッシュ

ココに効く! ✦二の腕の引き締め

うつぶせに寝て、二の腕の筋肉で上体を上げるエクササイズです。特に、上腕三頭筋《じょうわんさんとうきん》(上腕の後ろ側にある筋肉)を引き締める効果が高いので、腕をふると振り袖のようにプルプル揺れる、な～んて方にオススメ。ノースリーブが似合う、しなやかな二の腕になりましょう!

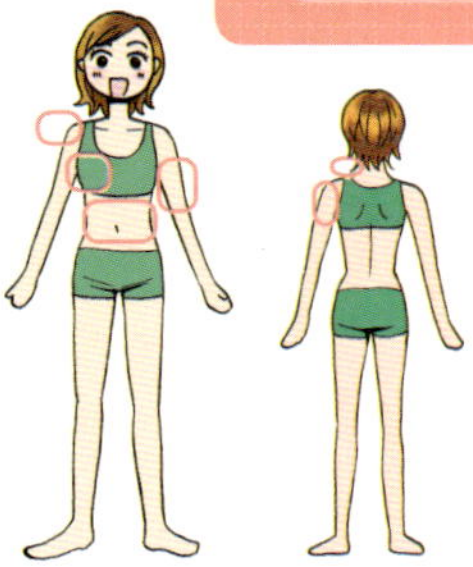

ココを意識して!

- 筋肉のコルセット
- デコルテ筋
- 振り袖筋〈オモテ＆ウラ面〉
- バストUP筋
- フェロモンUP筋

1 うつぶせになり、両手を胸の横に置く

うつぶせになり、脚は肩幅に広げます。両手をそれぞれ胸の横に置き、わきを締めて、息を吸います。

肩の力を抜いて
息を吸う
目線はまっすぐ床に
おなかはキュッと
わきを締めて
あごは突き出さない

CHECK!

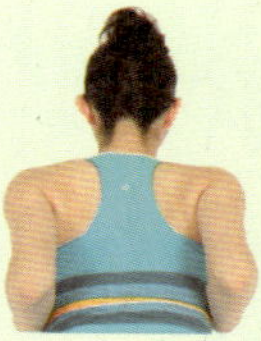

肩が上がりすぎたり、わきの下が開かないように注意して。二の腕の筋肉を使っていることを意識しながら上下しましょう。

脚に力を入れないように
背すじは伸ばして
頭は遠くへ引っ張られるイメージで
息を吐きながら
床をグーッと押して

2 ゆっくりと上体を押し上げる

息を吐きながら、手のひらで床を押してゆっくりと上体を押し上げます。二の腕の筋肉を使って、おへそが床から離れるか離れないかぐらいのところまで上げましょう。

image Point

カメが甲羅からグーッと首を出していく様子を思い描いて

上体を起こすときは、つい肩の力や背筋を使ってしまいがちですが、これはＮＧ！　カメが甲羅からグーッと首を押し出すイメージで、二の腕の筋肉をしっかり使って押し上げましょう。

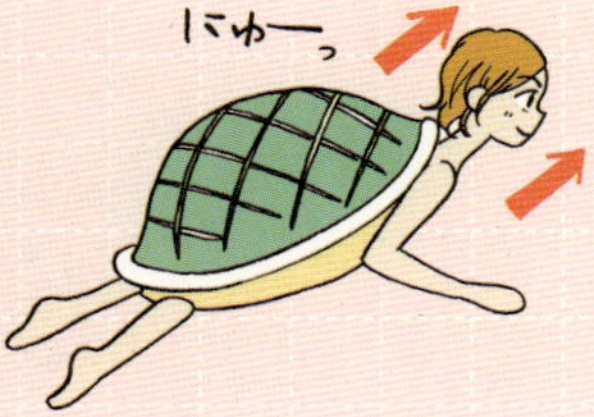
にゅーっ

2、3を5セット

息を吸って、
吐きながら

3 ゆっくり上体を下ろす

息を吸って、吐きながらゆっくり上体を下げます。わきが開かないように注意して。

Emi's Comment

腰が気になる人は、おへそを意識しながらトライして

上体を上げるときに腰が気になる人は、肩の力を抜いておへそを引き上げるように意識してみて。腰の負担が軽くなります。

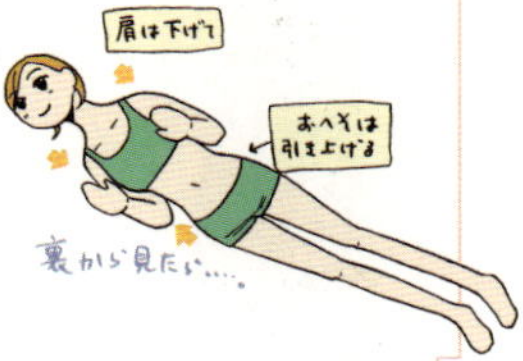
肩は下げて
おへそは引き上げる
裏から見たら…..

［呼吸法］ピラティスは、鼻から息を吸い、口から息を吐く「胸式呼吸」が基本。おなかは常に引き締め、深く呼吸しましょう。

二の腕についた脂肪をガッチリふり落とす!

ハンドレッド

ココに効く! ✦二の腕の引き締め

おもに上腕部を引き締めるエクササイズです。
その名の通り、元来は腕ふりを100回(ハンドレッド)行いますが、ここでは量より質。まずは20回、正しくていねいに行うことを心がけて。
腕の動きにつられて体全体が動かないようにご用心。
慣れてきたら、100回を目指しましょう!

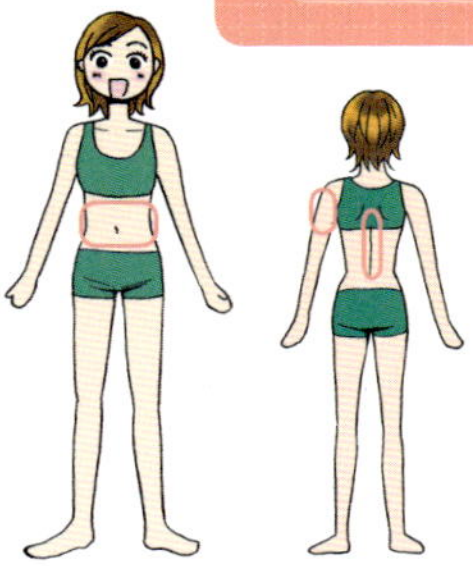

ココを意識して!

- 筋肉のコルセット
- 振り袖筋〈ウラ面〉
- 姿勢美人筋

これを20セット

1 ニュートラルの状態で立ち、手のひらを後ろ側にかえす

足は肩幅に開いて立ちます。重心は、かかとやつま先に寄らないように、しっかりと真ん中に置きます。おしりをキュッと締め、骨盤と床を垂直にします(P.45 立ちバージョンのニュートラル)。両手のひらを後ろ側にかえして指先を伸ばし、息を吸います。

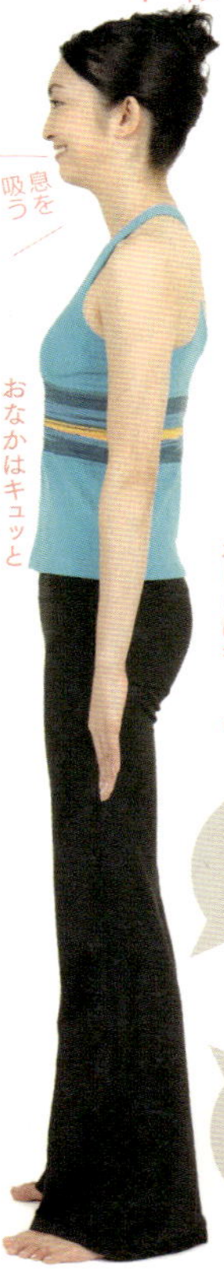
頭は上に引っ張られているイメージで
息を吸う
おなかはキュッと
おしりはキュッと
足は腰の幅に開く
重心は真ん中に

CHECK!

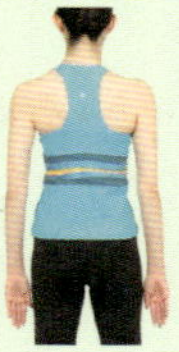

姿勢を正して、手のひらは脚のわきにピッタリつけて。

2 腕をふる

息を吐きながら左右の肩甲骨を寄せるように腕をふり、息を吸いながら元に戻します。ひじが曲がらないように、骨盤は常にニュートラルをキープしましょう。

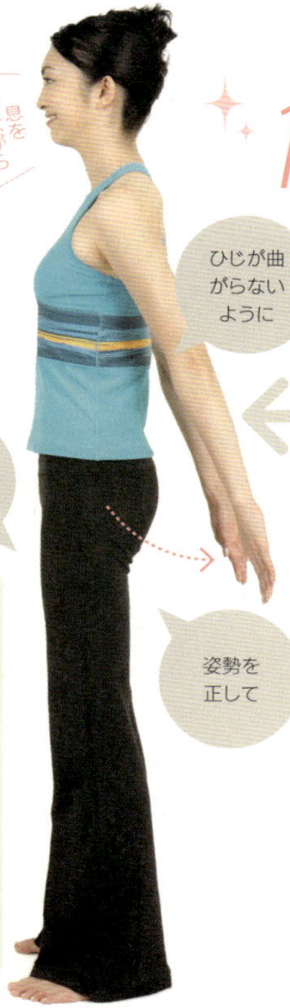
息を吐きながら
ひじが曲がらないように
骨盤はニュートラル
姿勢を正して

CHECK!

腕は斜め下方向に動かして、背中を締めるような感覚で。肩は上げないように。

image Point

鳥がパタパタと羽を動かすように

腕を動かすときは、鳥がパタパタと左右均等に羽を動かしている様子をイメージして。息を吐いて左右の腕を寄せ、息を吸って戻す、を繰り返します。リズミカルに行いましょう。ひじは曲げないように注意して。

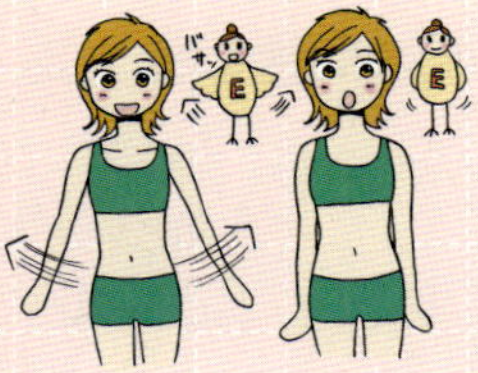

レベルアップ

同じ腕をふる動きでも、おなかや太ももの引き締めにオススメのエクササイズです。
バージョンがアップするにつれて難易度が高くなるので、順番にトライしてみて！

Version1

**ニュートラルの状態で
ハンドレッド！**

あおむけに寝て骨盤をニュートラル（P.44）にし、肩甲骨が浮く程度に上体を起こします。そして、腕を軽く曲げ、水面を押さえるように上下にふります。呼吸は腕の動きに合わせて、吐いて5回、吸って5回を繰り返します。カラダの中にポンプで空気を送るイメージです。

これを
20セット

息を吐いて×5回、吸って×5回

Version2

脚を上に伸ばしてハンドレッド！

あおむけに寝て骨盤をニュートラル（P.44）にし、脚を上げてひざを90度にします。そして、肩甲骨が浮く程度に上体を起こし、腕を軽く曲げ、水面を押さえるように上下にふります。呼吸は腕の動きに合わせて、吐いて5回、吸って5回を繰り返します。

これを
20セット

息を吐いて×5回、吸って×5回

Version3

**上体を起こし、脚を上に伸ばして
ハンドレッド！**

あおむけに寝て骨盤をニュートラル（P.44）にし、脚を45度の方向に上げます。そして、肩甲骨が浮く程度に上体を起こし、腕を軽く曲げ、水面を押さえるように上下にふります。呼吸は腕の動きに合わせて、吐いて5回、吸って5回を繰り返します。

これを
20セット

息を吐いて×5回、吸って×5回

 ［呼吸法］ピラティスは、鼻から息を吸い、口から息を吐く「胸式呼吸」が基本。おなかは常に引き締め、深く呼吸しましょう。

大人の女性の魅力ある背中をつくる

スワン

ココに効く!
- ✦デコルテ・背中のラインを美しくする
- ✦二の腕・おなかの引き締め

腕を広げる様子が、まるで白鳥が羽ばたくように見えることから名づけられた「スワン」。腹筋と背筋を使ってカラダのバランスをとり、腕を動かすエクササイズです。背中のラインが美しくなるのはもちろん、二の腕・おなかの引き締め、デコルテをキレイにする効果も。

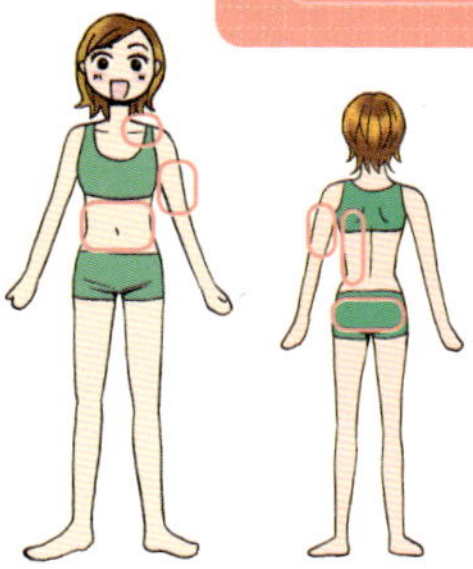

ココを意識して!
- ■筋肉のコルセット ■振り袖筋〈オモテ&ウラ面〉
- ■デコルテ筋 ■バックスタイルOK筋
- ■ヒップアップ筋

1 うつぶせになり、ひじを曲げる

うつぶせになり、脚を肩幅に広げます。ひじを曲げて手のひらを肩の横に置き、息を吸います。

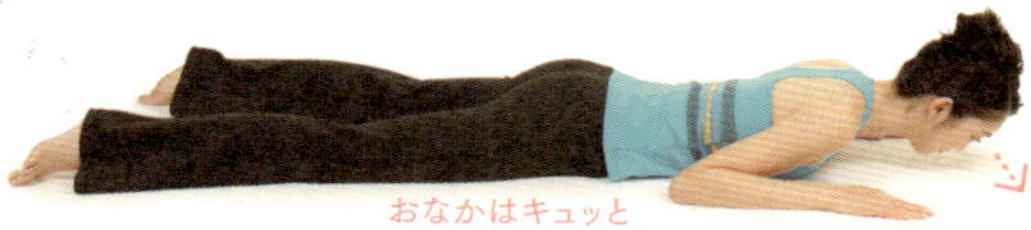
息を吸う
あごをひき、目線はまっすぐ床に
おなかはキュッと
肩は下げておく

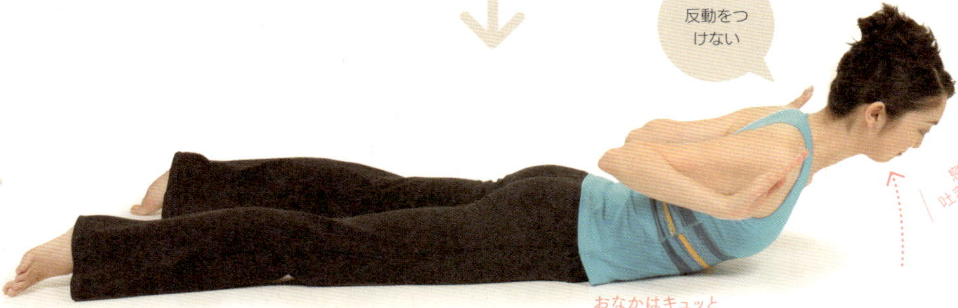
反動をつけない
息を吐きながら
おなかはキュッと

2 上体を上げる

息を吐きながら、腹筋を使ってゆっくり上体を上げます。腕の反動を使わないように注意して。

[ポーズ] まずは、正しいポーズを覚えることが大切。慣れてきたら、呼吸法と合わせて行いましょう。

image Point

白鳥が羽ばたくように腕を開いて

まず、上体を持ち上げるときは、背骨を1個ずつ伸ばしていくように意識して。そして、白鳥が今にも羽ばたく様子をイメージしながら腕をゆっくりと広げましょう。元に戻るときは、白鳥が舞い降りるように優雅に。いずれも、おなかは常に引き締めておくことがポイントです。

Emi's Comment

腰が気になる人は、おへそを意識しながらトライして

上体を上げるときに腰が気になる人は、肩の力を抜いておへそを引き上げるように意識すると、腰への負担が軽くなります。

これを5セット

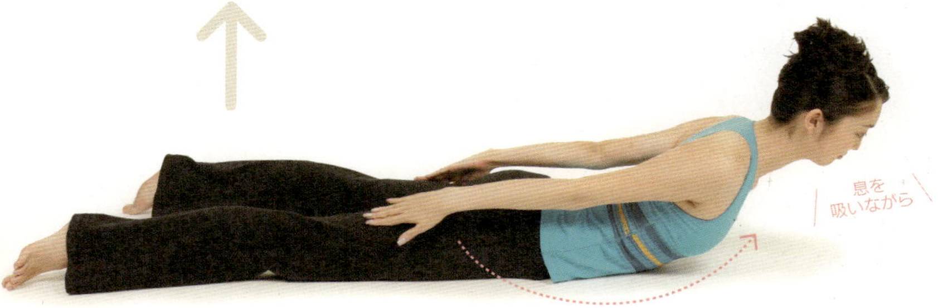

4 腕が伸びきったら、ゆっくりと1に戻る

腕を伸ばしきったら、息を吸いながら3→2の順にゆっくりと戻り、息を吐きながら1に戻ります。

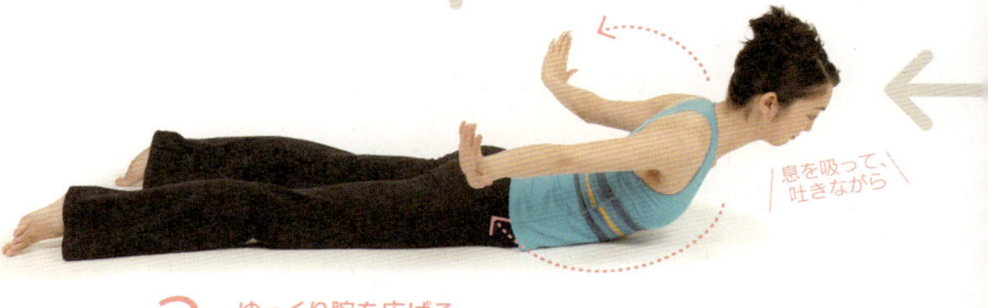

3 ゆっくり腕を広げる

2の状態をキープしたまま、息を吸って、吐きながら腕をゆっくりと広げます。

［呼吸法］ピラティスは、鼻から息を吸い、口から息を吐く「胸式呼吸」が基本。おなかは常に引き締め、深く呼吸しましょう。

キュッと締まったひざ下に。むくみの予防にも

アンクルスピン

ココに効く!
- ✦脚のむくみ予防
- ✦すね・ふくらはぎ・足首の引き締め

すね、ふくらはぎ、足首……と、ひざ下を集中的に引き締めるエクササイズです。足首が固くてスムーズにまわらない人も、トライしていくうちになめらかに動かせるように。ポイントは、円を描くように、左右に大きくまわすこと。ふくらはぎから足首まで美しいラインができ、ミュールを堂々と履きこなせます!

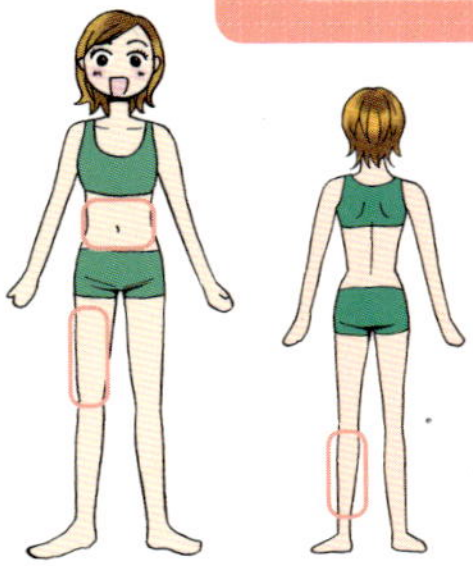

ココを意識して!
■筋肉のコルセット　■ミニOK筋
■ミュールOK筋

1 立てひざであおむけになり、骨盤をニュートラルにする

あおむけで両ひざを立てます。ひざとひざの間、あごの下はオレンジ1個分あけ、骨盤をニュートラル(P.44)にします。

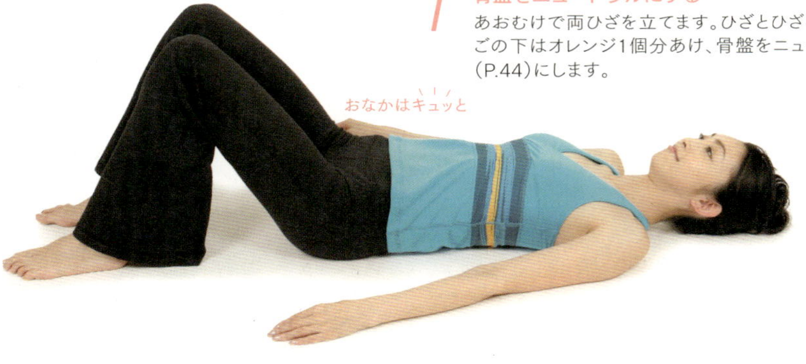

image Point

プロペラが回転するように

足首は、プロペラが回転するイメージで、なめらかにまわしましょう。第一指と第二指の間に筆を挟んで空中の画用紙に円を描くようにイメージしてもいいですね。足首が固い人はまわしにくいかもしれませんが、行っていくうちにスムーズに。ゾウのような足首が気になる人も、脚と足首の境が現れてきますよ!

左右それぞれ
時計まわりに10回、
反時計まわりに10回まわす

45°
ひざは
伸ばした
まま
呼吸は
自然に
肩に力が
入らない
ように

2 足首をまわす

右脚を45度の方向にまっすぐ伸ばし、つま先で円を描くように足首をゆっくりまわします。左脚も同様に。

レベルアップ

じょうずに円を描けるようになったら……

数字を書いてアンクルスピン

あおむけで両ひざを立てます。ひざとひざの間、あごの下はオレンジ1個分あけ、骨盤をニュートラル（P.44）にします。片脚を45度の方向にまっすぐ伸ばし、つま先で1から20までの数字を書いていきましょう。ひざは曲げずに注意して。反対側も同様に。

1 2 3
4 ...
.. 19 20

［呼吸法］ピラティスは、鼻から息を吸い、口から息を吐く「胸式呼吸」が基本。おなかは常に引き締め、深く呼吸しましょう。

シャープなフェイスラインに

小顔ストレッチ

ココに効く! ✦小顔　✦二重あご解消
✦美しいデコルテをつくる

おもに首からあご先の筋肉(広頸筋《こうけいきん》)を鍛え、
フェイスラインを引き締めるのに効果的な
エクササイズです。二重あごがスッキリし、
シャープな輪郭に。顔のたるみ、むくみ対策にもグッド。
モデルのような小顔美人になりましょう!

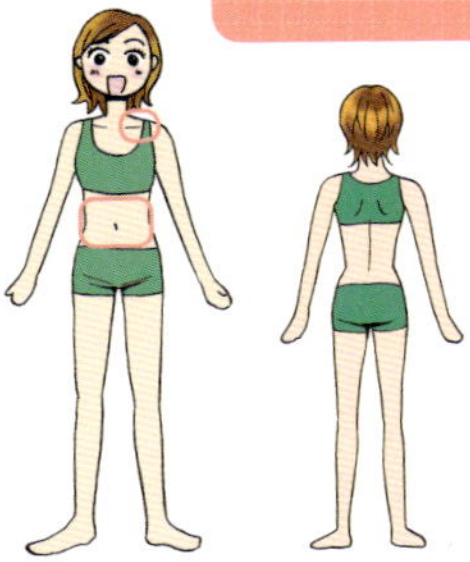

ココを意識して!
■筋肉のコルセット　■デコルテ筋

1 立てひざで座り、手を後ろにつく

立てひざで座り、手を後ろ
について上体を支えます。

2 あごを後ろに反る

ゆっくりとあごを後ろに反ります。「ンー」という感じで
あごの下の筋肉を引っ張るように。

呼吸は
自然に
胸は
突き出す
ンー
しっかり
上体を
支えて

image Point

あごをワイパーのように動かして！

あごは、車のワイパーが左右に動くように、ひねられるところまでしっかりひねりましょう。首すじをグッと伸ばして、首からあご先の筋肉（広頸筋）を意識しながら行うと、より効果的です。

ワイパー

これを3セット

4 **ゆっくりと右を向く**

今度はゆっくりと右を向きます。3と同様に、首すじが伸びていることを意識しながら、ひねられるところまでひねり、1に戻ります。

首すじを
グッと
伸ばして

3 **ゆっくりと左を向く**

ゆっくりと左を向きます。首すじが伸びていることを意識しながら、ひねられるところまでひねります。

首すじを
グッと
伸ばして

 ［呼吸法］ピラティスは、鼻から息を吸い、口から息を吐く「胸式呼吸」が基本。おなかは常に引き締め、深く呼吸しましょう。

上向きのバストに、贅肉にも効く!

バストアップストレッチ

ココに効く! ✦バストアップ　✦二の腕の引き締め

わきの下の大胸筋《だいきょうきん》を鍛えるエクササイズです。
ボテッとしたわきの贅肉を引き締め、
たるんだバストを形よく引き上げます。
ポイントは、左右の手のひらをしっかり押し合いながら
腕を上げること。二の腕を引き締める効果もあります!

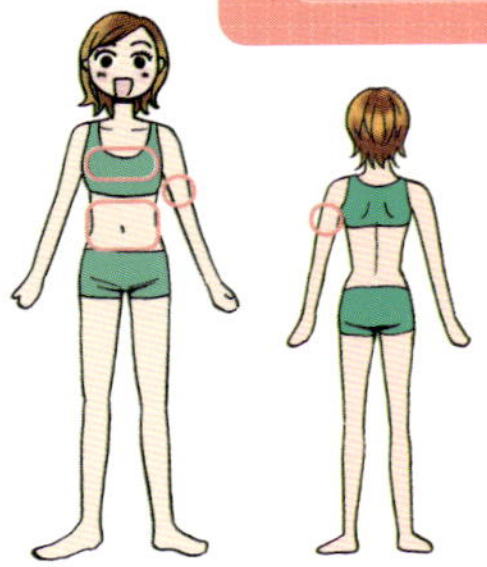

ココを意識して!
■筋肉のコルセット　■バストUP筋
■振り袖筋〈オモテ&ウラ面〉

1 あぐらをかいて座り、両手を合わせます

あぐらをかいて座り、胸の前で両手を合わせてグッと押し合い、息を吸います。

2 両手を上げていく

息を吐きながら、手のひらと手のひらをグッと押し合い、頭のてっぺんまで腕を上げていきます。

image Point

塔のてっぺんのようにグーンと腕を突き出して

腕は、塔のてっぺんのようにグーンと突き出しましょう。ただし、左右の手のひらをグッと押し合いながらすること。エクササイズの後、二の腕からわきの下にかけて心地よい疲れを感じるぐらいがグッド。上向きのバストになった自分を思い浮かべて「おっぱい上がれ、おっぱい上がれ」と念じながら行ってみて！

これを5セット

3 頭のてっぺんまで上げる

そのまま息を吐きながら、頭のてっぺんまで腕を伸ばします。このとき、力がゆるみやすいので、わきを締めてバストを下からグッと引き上げるように意識しましょう。伸ばしきったら、2→1とゆっくり戻していきます。

 ［呼吸法］ピラティスは、鼻から息を吸い、口から息を吐く「胸式呼吸」が基本。おなかは常に引き締め、深く呼吸しましょう。

エピローグ

女性は誰でも美しくなれる！

みなさん、最後までご覧いただき、ありがとうございます。
思い起こせば、私が日本でピラティス教室を開いてから約3年がたちました。最初に教室を開いたときは、まだまだ日本では認知されていませんでした。なんせ、デザートの「ティラミス」に間違えられていたくらいですから（笑）。
でも、たくさんの方の助けをいただき、おかげさまで多くの女性にピラティスの存在を知っていただくようになり、こうして書籍を出版することができました。
本当にありがとうございます。

そもそも、私がピラティスに出合ったのは約5年前。
当時イギリスに留学していた私は、ホームステイ先の食事で、毎日、高カロリーのジャガイモやフライドチキンを食べていました。しかも、おやつには、これまたカロリーの高いフィッシュ＆チップスを頬《ほお》ばる有様……。当然、すごくジーンズがキツくなって、「コレはまずい！　何とかしなきゃ！」とダイエットを決意したのです。でも、アルバイトをしながら学校に通っていたので、ジムに通う時間もありません。そんなとき、本屋さんで偶然、家でも気軽にできるエクササイズとしてピラティスを紹介している本を見つけたのです。
今思えば、それが、まさにピラティスとの運命的な出合いでした。
とはいえ、最初は半信半疑でしたよ。走ったり、跳ねたり……といったハードな動きをするエクササイズではないので「本当に効くのかな?」って(笑)。それでも、試しに1週間続けてみたら、おなかまわりが見事に減ったんですね。結果が出ると、うれしいからさらにやり続ける。そして、最終的にはキツかったジーンズも元に戻ったんです。で、「どうして、あんなにゆるやかな動きで効果があるんだろう?」と、ますますピラティスに対して興味を持ち、資格をとって、ついには職業になっちゃったわけですね。

もうおわかりだと思いますが、ピラティスは、見た目はゆるやかだけど、正しくやろうとすると結構キツいエクササイズです。
創始者であるピラティスさんの言葉に**「最初の10レッスンで気分がよくなり、20レッスンで見た目がよくなり、30レッスンで完全に新しいカラダに生まれ変わる」**があります。
ですから、まずは1日10分、1カ月続けてみてください! しっかり行えば、カラダがみるみる締まっていくのを日ごとに実感するハズです。

また、ピラティスをはじめると、筋肉量が増えることで、一時的に体重が増えることがあります。でも、この新しく生まれた筋肉が余分な脂肪を燃やしてくれるんですね。ですから、**「なかなか体重が減らない」という方は、体脂肪を量ってみてください。確実に減っているハズです。**

私自身、学生時代にモデルをしていましたが、**「今の自分が人生の中でベストな体型」**と断言できます。しかも、オンリーピラティスで、食事制限はまったくしていないんですよ！　お酒も大好きですしね（笑）。

最後に、キレイになるための大切なポイントをもうひとつお話ししましょう。それは、**常に誰かに見られているという意識を持つこと。**

たとえば、大好きな彼氏が向こうから見ているかもしれない、とイメージしてみて。ちょっとでも、美しく見られたいでしょう？　そうすると、ムスッとしないし、背すじもシャキッと伸びて自ずと美しさが身につきます。逆に言えば、「見られている」という意識さえ持てばよいわけです。

女性は誰でも美しくなる権利があります。

今からでもちっとも遅くありません。ピラティスで、ココロとカラダをピカピカに磨き上げて、愛して、大切にしてあげてくださいね！

さあ、みんなピラ姫になろう！
ピラティスを始めてから
私は本当にキレイになってきた
あの人キレイ～!!
つるん
お肌の調子も良いし疲れにくくなってるし
うずうず
な…なんか…
他の子にも教えてキレイにしてあげたい気分～!!
ぐぉーっ
みかりんすばらしいわっっ！
パンパン!!
先生！
ぎゅっ
もうあなたは一人前のピラ姫よ！よくがんばった！
いや～
照れます…
ホロリ…
出会った頃は彼にフラれてやけ酒やけ食いプヨプヨに太ってて
でもこんなにキレイになったのよね
そうでした…あは★
う…
足も満足に上がらなくてどうしようかと思っていたわ…
ウエアからお肉がはみ出ていたし
はは…
だら～ん
二の腕もまるで振り袖状態だったし…
せ・先生その位で…
忘れましょっ
とにかくみかりんはピラティスに出会えて良かったわね～！うんうん
そんな子はまだ沢山いるはずよ！
はい～
だから、もっとピラティスの輪を広げてみんなでキレイになっていきましょーっっ！

付録

切り取り式
ピラティスカード

ピラティスの基本から部分別まで、
29枚のカードになりました。
カードを組み合わせてオリジナルのメニューをつくったり、
見えやすい所に貼ったり……。使い道もイロイロです。
切り取って、いつも身近なところに
置いて楽しんで使ってくださいね！

No.03 * Neutral *

ニュートラル

あおむけバージョン

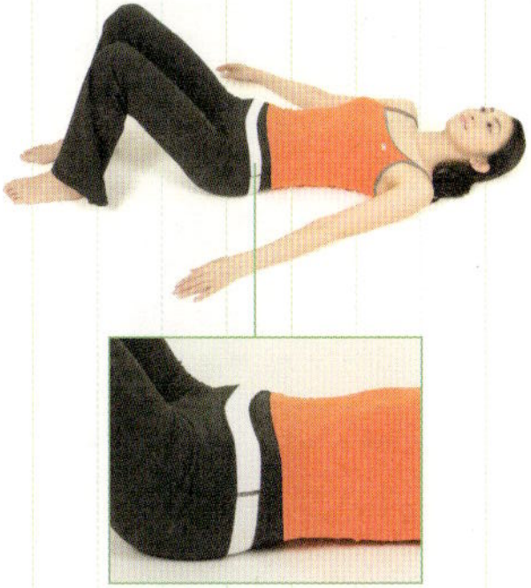

あおむけで両ひざを立てます。肩の力を抜いて、骨盤と床を平行にします。背骨が自然なS字カーブを描き、左右の腰骨がどちらにも傾かない状態をキープします。

立ちバージョン

足は腰幅に開いて立ちます。重心は、かかとやつま先に寄らないように、しっかりと真ん中に置きます。おしりをキュッと締め、骨盤と床を垂直にします。

キリトリ線

No.01 * Breathing *

ブリージング

時間：3～4分

1 あおむけで両ひざを立てます。

2 鼻から息を吸います。おなかは引き締めたまま、胸と背中をグーッと膨らませるように。

3 口から「はあー」と温かい息をゆっくり遠くへと吐きます。

No.02

* Rocking Pelvis *

ロッキングペルビス

回数：5～10セット

1 あおむけで両ひざを立てます。

2 息を吸いながら、アーチを描くように背中を反らせます。

3 息を吐きながら、背中と腰を床に押しつけます。

キリトリ線

No.04

* Shoulder Bridge *

ショルダーブリッジ

回数：5セット

1 あおむけで両ひざを立てます。

2 息を吸って、吐くと同時に、腹筋に力を入れて背中と腰を床にグーッと押しつけます（骨盤がインプリントの状態）。

3 そのまま息を吐きながら、背骨を座骨から1個ずつ床からはがすように骨盤をゆっくり上げます。

4 息を吸って、吐きながら、ゆっくりと首のほうの背骨から1個ずつ順に床に押しつけるようにして1に戻ります。

Basic Pilates

No.07 * Shoulder Bridge + Arm Circle *

ショルダーブリッジ+アームサークル

回数：5セット

1. あおむけで両ひざを立て、骨盤をニュートラルにします。
2. 息を吸って、吐くと同時に、腹筋に力を入れて背中と腰を床にグーッと押しつけます（骨盤がインプリントの状態)。そのまま息を吐きながら、背骨を座骨から１個ずつ床からはがすように骨盤をゆっくり上げてショルダーブリッジをします。
3. 指先を伸ばし、息を吸いながら、腕をバンザイの位置までゆっくりと上げます。
4. 息を吐きながら、腕を左右に広げて円を描くように動かし、元の位置に戻します。
5. 息を吸いながら、再び腕をバンザイの位置までゆっくりと上げます。
6. 息を吐きながら腰をゆっくり下ろし､息を吸いながら腕を下げて1に戻ります。

キリトリ線

No.05 * Knee Open *

ニーオープン

回数：左右交互に3セットずつ

1. あおむけで両ひざを立てて骨盤をニュートラルにし、息を吸います。
2. 息を吐きながら、右脚をゆっくり右方向に倒します。
3. 息を吸いながら、ゆっくりと１に戻ります。左脚も同様に。

No.06

* Arm Circle *

アームサークル

回数：10セット

1 あおむけで両ひざを立て、骨盤をニュートラルにします。

2 指先を伸ばし、息を吸いながら、腕をバンザイの位置までゆっくりと上げます。

3 息を吐きながら、腕を左右に広げて円を描くように動かし、1に戻ります。

キリトリ線

No.08

* Back Slope *

バックスロープ

回数：5セット

1 うつぶせに寝て、両腕はカラダのわきに添え、手のひらを天井に向けます。あごは床につけ、息を吐きます。

2 息を吸いながら、両腕を床から10cmほど上げます。

3 息を吐きながら、おへその位置までゆっくりと上体を起こします。息を吸って、吐きながら、ゆっくりと2に戻ります。

No.11 * Table Balance ~For Arms&Legs~ *

テーブルバランス 手と脚バージョン

回数：3セット

1 四つん這いになり、両ひざは骨盤の幅ぐらいに広げ、両手が肩の真下、両ひざが股関節の真下にくるようにします。おなかを引き締め、上体をまっすぐにし（骨盤がニュートラルの状態）、息を吸います。

2 息を吐きながら、左腕と右脚をまっすぐ伸ばし、肩からかかとを一直線にします。

3 息を吸いながら、ゆっくりと1に戻ります。反対側も同様に。

キリトリ線

No.09 * Cat Pose *

キャットポーズ

回数：5セット

1 四つん這いになり、両ひざは骨盤の幅ぐらいに広げ、両手が肩の真下、両ひざが股関節の真下にくるようにします。おなかを引き締め、上体をまっすぐにし（骨盤がニュートラルの状態）、息を吸います。

2 息を吐きながら、背中を丸めます。

3 息を吸いながら、ゆっくりと首を伸ばし、尾てい骨と頭のてっぺんが天井を向くように背中を反ります。

No.10 * Table Balance ~For Legs~ *

テーブルバランス 脚だけバージョン

回数：3セット

1 四つん這いになり、両ひざは骨盤の幅ぐらいに広げ、両手が肩の真下、両ひざが股関節の真下にくるようにします。おなかを引き締め、上体をまっすぐにし（骨盤がニュートラルの状態）、息を吸います。

2 息を吐きながら、右脚をまっすぐ伸ばし、肩からかかとを一直線にします。

3 息を吸いながら、ゆっくりと1に戻ります。左脚も同様に。

キリトリ線

No.12 * Swimming *

スイミング

回数：5セット

1 うつぶせに寝て、脚は肩幅より少し広めに開き、顔を床から10cmほど浮かせてバンザイのポーズになります。

2 息を吸いながら、左腕と右脚をゆっくり上げます。

3 息を吐きながら、ゆっくりと1に戻ります。反対側も同様に。

No.01

＊C curve＊

Cカーブ

回数：5セット

1 両ひざを立てて座り、手はひざに置いて背すじをまっすぐにし、息を吸います。

2 息を吐きながら、上体を後ろへ倒していきます。

3 そのまま息を吐きながら、さらに上体を丸め、おへそをのぞきこむようにします。そのまま息を吸って、吐きながら、ゆっくりと1に戻ります。

キリトリ線

No.13

＊Cat Stretch＊

キャットストレッチ

回数：1セット

1 四つん這いになり、両ひざは骨盤の幅ぐらいに広げ、両手が肩の真下、両ひざが股関節の真下にくるようにします。背中から腕まで伸ばして上体を前に倒し、おしりを天井に向け、息を吸います。

2 息を吐きながら、かかとの上に座骨がのるように座ります。

3 腕を下ろし、手のひらを天井に向け、深く息を吸います。

4 息を吐きながら、座骨から1個ずつ背骨を立てていくように上体を起こしていき、最後に、首、頭を上げます。

キリトリ線

No.02

* Single Leg Stretch *

シングルレッグストレッチ

回数：10セット

1 あおむけで両ひざを立て、骨盤をニュートラルにします。両ひざをそろえて太ももとふくらはぎが90度になるように両脚を上げ、息を吸います。

2 息を吐きながら、左脚を床から5～10cmの所までゆっくり下ろします。

3 息を吸いながら、ゆっくりと1に戻ります。右脚も同様に。

No.05
C curve Twist
Cカーブツイスト

回数：2セット

1 立てひざで、座骨を立てて座ります。両腕を胸の前で平行に重ね、息を吸います。

2 息を吐きながら、上半身でアルファベットのCの字をつくるように腰を丸めます。

3 そのまま息を吐きながら、腰を左方向にひねるように左斜め後ろにゆっくりと倒れます。

4 息を吸いながら、ゆっくりと2に戻ります。反対側も同様に。

キリトリ線

No.03
Knee Rize
ニーライズ

回数：5セット

1 あおむけで両ひざを立て、骨盤をニュートラルにします。両ひざをそろえて太ももとふくらはぎが90度になるように脚を上げ、息を吸います。

2 息を吐きながら、ひざを曲げたままゆっくりと脚を下ろします。つま先（もしくはかかと）が床についたら、息を吸いながら、ゆっくりと1に戻ります。

No.04

* Spine Twist *

スパインツイスト

回数：3セット

1 肩幅より少し広めに脚を伸ばし、座骨を立てて座ります。両腕を胸の前で平行に重ね、息を吸います。

2 息を吐きながら、頭と上体をゆっくりと左にひねります。

3 息を吸いながら、ゆっくりと1に戻ります。反対側も同様に。

キリトリ線

No.06

* Obliques *

オブリクス

回数：左右それぞれ連続3 ～4回

1 あおむけに寝ます。左腕は水平方向に伸ばし、右手は耳の後ろに添えます。左脚は太ももとふくらはぎが90度になるように上げ、息を吸います。

2 息を吐きながら、左斜め前方に向かって上体を起こします。

3 十分に上体を起こしたら、左ひざを右ひじにタッチ。息を吸いながら、ゆっくりと1に戻ります。反対側も同様に。

No.09

* Knee Bend *
ニーベンド

回数：3セット

1 足を広め（約1m）に開いて立ち、骨盤をニュートラルにし、息を吸います。

2 息を吐きながら、ゆっくりと腰を下ろします。そのまま自然呼吸で5秒キープしたら、息を吸って、吐きながらゆっくりと腰を上げます。

キリトリ線

No.07

* Hip Squeeze *
ヒップスクイーズ

回数：5セット

1 うつぶせに寝て、両手を重ねてあごをのせます。両脚を開いてひざを曲げ、かかとをくっつけて息を吸います。

2 息を吐きながら、かかとを押しつけ合うようにしてゆっくりと脚を上げます。そして、息を吸いながら、ゆっくりと下ろします。

No.08
* Flutter Kick *
フラッターキック

回数：左右交互に5セット

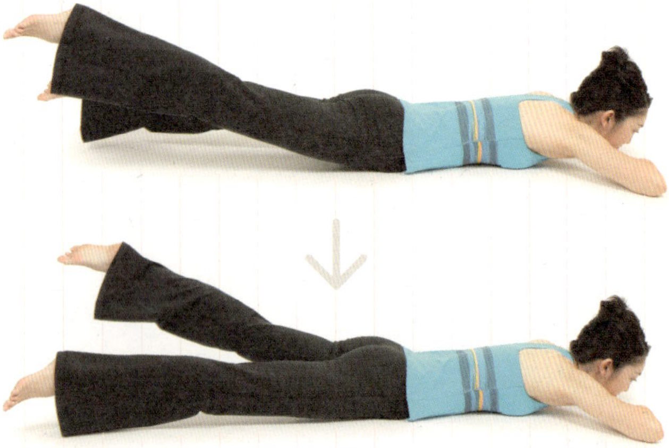

1 うつぶせになり、両手を重ねてあごをのせ、脚を肩幅に広げます。
2 おへそを引き上げて両脚を3 ～5cm上げ、息を吸います。
3 息を吐きながら、右脚を遠くに伸ばすように上げます。ひざを曲げないように注意して。
4 息を吸いながら、ゆっくり2に戻ります。左脚も同様に。

キリトリ線

No.10
* Leg Circle *
レッグサークル

回数：左右それぞれ時計まわりに5回、反時計まわりに5回まわす

1 あおむけに寝て骨盤をニュートラルにし、右脚を上げてひざを90度に曲げます。
2 そのまま右脚で大きく円を描いていきます。左脚も同様に。

No.13 * Swan *

スワン

回数：5セット

1 うつぶせになり、脚を肩幅に広げます。ひじを曲げて手のひらを肩の横に置き、息を吸います。

2 息を吐きながら、腹筋を使ってゆっくり上体を上げます。

3 2の状態をキープしたまま、息を吸って、吐きながら腕をゆっくりと広げます。

4 腕を伸ばしきったら、息を吸いながら3→2の順にゆっくりと戻り、息を吐きながら1に戻ります。

キリトリ線

No.11 * Arm Push *

アームプッシュ

回数：5セット

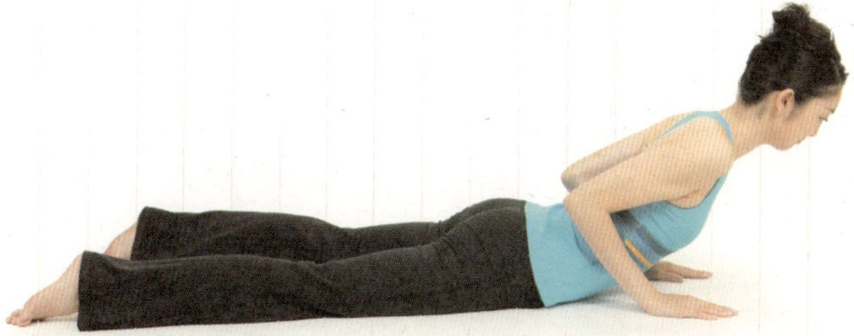

1 うつぶせになり、脚は肩幅に広げます。両手をそれぞれ胸の横に置き、わきを締めて、息を吸います。

2 息を吐きながら、手のひらで床を押してゆっくりと上体を押し上げます。

3 息を吸って、吐きながらゆっくり上体を下げます。

No.12 * Hundred For Upper Arms *

ハンドレッド

回数：20セット

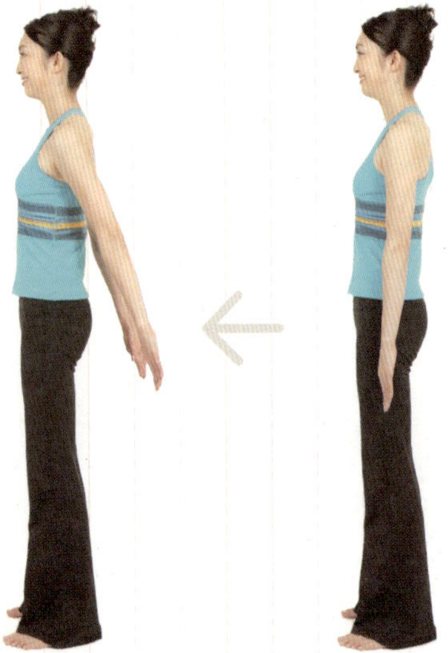

1 足は肩幅に開いて立ち、骨盤をニュートラルにします。両手のひらを後ろ側にかえして指先を伸ばし、息を吸います。

2 息を吐きながら左右の肩甲骨を寄せるように腕をふり、息を吸いながら1に戻ります。

キリトリ線

No.14 * Ankle Spin *

アンクルスピン

回数：左右それぞれ時計まわりに10回、反時計まわりに10回まわす

1 立てひざであおむけになり、骨盤をニュートラルにします。

2 右脚を45度の方向にまっすぐ伸ばし、つま先で円を描くように足首をゆっくりまわします。左脚も同様に。

No.16 * Bust Up Stretch *

バストアップストレッチ

回数：5セット

1 あぐらをかいて座り、胸の前で両手を合わせます。
2 両手をグッと押し合いながら、腕をゆっくり上へ伸ばします。
3 伸ばしきったら、2→1とゆっくり戻ります。

キリトリ線

No.15 * Small Face Stretch *

小顔ストレッチ

回数：3セット

1 立てひざで座って手を後ろにつき、ゆっくりとあごを反ります。
2 首をゆっくりと左へひねります。首すじが伸びていることを意識しながらしっかりひねり、ゆっくり1に戻ります。反対側も同様に。

Special Pilates

Profile

千葉絵美 Emi Chiba

FTP マットピラティスインストラクター。株式会社 studio-emi（スタジオ・エミ）代表取締役。大学在学中にモデルとして活躍。ファッションショー出演をきっかけにウォーキングを学ぶ。卒業後、国内大手航空会社に入社し、客室乗務員として勤務。退職後、イギリス留学中にピラティスを学ぶ。現在は、studio-emi の他、都内のカルチャーセンターなどでピラティスを指導。また、近年、地方へのピラティス普及活動も始めている。すべての女性を美しくすることをモットーに、テレビや雑誌など、数々のメディアで活躍。著書・監修に『きれいやせピラティス DVD レッスン』『ピラティス 10 分ダイエット DVD スーパーレッスン』（ともに主婦の友社）、『キレイになるピラティス』『キレイになるピラティス vol.2』（ともに白夜書房）、『美トクピラティス Hand book』（アントレックス）がある。

studio-emi（スタジオ・エミ）

東京都中央区銀座 5-10-6　第一銀座ビル 4F

TEL:03-3289-1009（ホームページからのレッスン予約も可能）

http://www.studio-emi.jp/

Staff Credits

装幀	田中和枝
装画	ひうらさとる
本文デザイン	黒須信宏
本文イラスト	橋本ライカ
撮影	岡田一也
ヘアメイク	村田真弓
編集協力	島 晶子　安本有希（ケイ・ライターズクラブ）
編集	福島広司　鈴木恵美（幻冬舎）

しなやか筋肉で、カラダをひきしめる　美人やせピラティス

2007 年 2 月 10 日　第1刷発行

著　者	千葉絵美
発行者	見城 徹
発行所	株式会社　幻冬舎 〒 151-0051 東京都渋谷区千駄ヶ谷 4-9-7 電話　03（5411）6211（編集）　03（5411）6222（営業） 振替 00120-8-767643
印刷・製本所	株式会社　光邦

検印廃止

ISBN978-4-344-90100-1 C2095
幻冬舎ホームページアドレス　http://www.gentosha.co.jp/

この本に関するご意見・ご感想をメールでお寄せいただく場合は、comment@gentosha.co.jp まで。